FOLLE

Du même auteur

Putain
Seuil, 2001
et « Points », n°P1020

NELLY ARCAN

FOLLE

récit

ÉDITIONS DU SEUIL
27, rue Jacob, Paris VIᵉ

L'auteur remercie le Conseil des arts et des lettres du Québec
pour son soutien financier.

ISBN 2-02-066949-8

© Éditions du Seuil, septembre 2004

www.seuil.com

À Nova rue Saint-Dominique où on s'est vus pour la première fois, on ne pouvait rien au désastre de notre rencontre. Si j'avais su comme on dit la plupart du temps sans dire ce qui aurait dû être su au juste et sans comprendre que savoir à l'avance provoque le pire, si on avait pu lire dans les tarots de ma tante par exemple la couleur des cheveux des rivales qui m'attendaient au tournant et si de l'année de ma naissance on avait pu calculer que plus jamais tu ne me sortirais de la tête depuis Nova... Ce soir-là rue Saint-Dominique je t'ai aimé tout de suite sans réfléchir à ma fin programmée depuis le jour de mes quinze ans, sans penser que non seulement tu serais le dernier homme de ma vie mais que tu ne serais peut-être pas là pour me voir mourir. Quand on s'est mieux connus, c'est devenu un problème ; entre nous il y avait l'injustice de ton avenir.

Aujourd'hui je sais que je t'ai aimé à cause de ton accent de Français où s'entendait la race des poètes et des penseurs venus de l'autre côté du monde pour remplir nos écoles, cet accent si particulier travaillé par tes années de résidence au Québec, qui te séparait de tout le monde, des Québécois comme des Français, et qui faisait de toi un porteur de la Parole comme le disait mon grand-père à propos de ses prophètes. D'ailleurs si mon grand-père avait été là à Nova rue Saint-Dominique, il m'aurait poussée dans tes bras pour donner plus d'élan au désastre ; mon grand-père croyait à la beauté des accidentés. Il a toujours vécu dans la résistance de la terre et dans la menace des mauvaises récoltes, mon grand-père est né en 1902 et il était cultivateur, il avait besoin du ciel à son côté pour nourrir sa famille et pourtant il attendait l'apocalypse de pied ferme, c'était son grand paradoxe.

Ton accent donnait de la perspective à notre rencontre. Quand j'étais petite mon père lisait toujours deux fois le même livre ; la deuxième fois il le lisait à haute voix. Pendant cette deuxième fois l'histoire gagnait en gravité, il lui semblait que la voix pesait ses mots, il lui semblait aussi qu'un message lui était adressé du dehors. Quand mon père lisait à voix haute en faisant les cent pas dans le salon, le livre tenu à bout de bras comme un adversaire, il était comme mon grand-père, il cherchait le texte entre les lignes, il découvrait Dieu.

Que tu me parles ce soir-là avec ton accent voulait dire qu'avant de mourir on me parlerait comme on ne m'avait jamais parlé ; ça voulait dire que dans ta bouche la vie prendrait un autre sens. À ce moment je ne savais pas que du début à la fin de notre histoire tu me parlerais comme prévu comme aucun homme ne m'avait jamais parlé mais pas de la façon dont je m'y attendais, pas de cette façon attendue des femmes amoureuses et insatiables qui veulent s'entendre dans

la bouche de leurs hommes. Je ne savais pas non plus
que moi aussi je te parlerais sans cesse et d'une façon
que tu n'avais jamais connue et que pour cette raison
de mon acharnement à tout te dire, à te faire porter le
monde sur le dos en cherchant à te piéger, tu me quit-
terais.

À ton accent s'est ajouté autre chose, sans doute tes
six pieds, tes mains de géant ou tes yeux si noirs que
personne n'a jamais pu en voir la pupille. Quand j'étais
petite, j'ai aimé un garçon parce qu'il portait un nom
rare, il s'appelait Sébastien Sébapcédis. De ma vie je
n'ai jamais plus rencontré ce nom. Mon grand-père
m'a toujours dit que les raisons d'aimer étaient pué-
riles et sans fondement et que c'était pour cette raison
de la base instable des sentiments que face à Dieu il
fallait avoir la foi.

Notre histoire est née dans le malentendu de détails
et elle a connu une fin tragique mais dans le passé
ça s'est déjà vu chez d'autres. Par exemple il y a eu le
prince de Cendrillon qui a traqué Cendrillon à travers
son royaume avec un soulier et qui par là lui avouait
que valser avec elle jusqu'au coup de minuit n'avait
pas suffi à lui révéler son visage. Je dis qu'avec cette
seule information n'importe qui aurait pu prévoir que
cette histoire n'aboutirait nulle part. Quand les parents
auront appris à être honnêtes avec leurs enfants ils
pourront leur dire que rien de bon n'est sorti de cette
rencontre entre un prince et les pieds de Cendrillon
sinon les nombreux enfants arrivés en clôture et que
le tragique de leur histoire vient du fait qu'elle s'est
arrêtée là, dans les nombreux enfants. Quand les
parents seront honnêtes ils pourront dire à leurs

enfants que dans les contes de fées on masque l'ennui de la vie en n'allant pas au-delà du constat de la pro-création.

Toi aussi tu m'as aimée mais pas tout de suite parce que chez toi l'amour vient après la baise ou reste à jamais là où il s'est posé la fois d'avant, dans les mains de Nadine par exemple qui savait d'instinct comment te branler ou entre ses cuisses de brune bien dans sa peau et bien plus chaude qu'une blonde as-tu dit un jour sans te rendre compte que je n'étais ni brune ni blonde. On a établi quelque part qu'il faut baiser au moins dix fois avec une fille pour en être amoureux et beaucoup plus pour lui dire chérie en public, il s'en trouve pour dire ça chaque semaine dans les maga-zines de mode, que la baise fonde le couple. Tu as fini par m'aimer après un mois ou deux, et quand je me suis mise blonde pour exister dans ton discours sur les femmes, j'étais contente que tu me baises encore.

C'est vrai que tu as fini par m'aimer mais le déca-lage de ton amour en face de mon amour là depuis le début lui donnait un air de labeur ; pour m'aimer il a fallu y mettre du tien, il a fallu te persuader. Il faut dire que chez toi le travail a toujours tenu une grande place, dans l'amour comme dans le reste, c'est toi-même qui me l'as dit le soir où on s'est quittés. Tu m'as dit ce soir-là que dorénavant tu voulais te consacrer à ta carrière et que pour ça il te fallait te concentrer et t'économiser la pesanteur de ma présence dans ta vie, tu pensais les choses en termes énergétiques, tu disais que je t'épuisais.

Tu n'es pas le premier à avoir dit ça. On m'a déjà dit

dans le passé que je n'étais pas une fille facile et je me suis toujours demandé ce que n'être pas facile pouvait vouloir dire. Je savais que ce n'était pas un compliment, que ça augurait mal même si derrière le rempart de mon attitude on disait entrevoir les attraits du mystère. Pour moi n'être pas facile étaient des mots d'adieu, c'était une façon de dire que le mystère allait rester un mystère, pour moi c'était de la démission. Quand aujourd'hui je repense à ma vie je suis convaincue que c'est pour devenir plus facile que je suis devenue une pute, c'est vrai que le métier de pute exige une ouverture immédiate, sur le Net on l'a d'ailleurs écrit très souvent dans le passé que j'étais ouverte. Souvent on m'a attribué le qualificatif open minded : dans ce métier l'esprit doit s'ouvrir avant le reste.

Ensemble on a pourtant vécu de bons moments. Un mois ou deux après notre première rencontre à Nova on s'est aimés en même temps. Entre nous il y a eu des moments magnétiques où on ne prenait plus la peine de terminer nos phrases tant l'un savait où l'autre voulait en venir : c'était le stade de la contemplation de soi dans l'autre. Entre nous il y a eu une courte période où on s'entendait sur tout et même sur le fait que les hommes et les femmes ne peuvent pas s'entendre. Je me souviens d'ailleurs de ce livre que tu avais lu où les hommes venaient de Mars et les femmes de Vénus, je me souviens que la mésentente y était expliquée de long en large et qu'à tes yeux ces explications avaient fait de nous un couple typique ; l'un face à l'autre, nos sexes réagissaient comme prévu.

Puis est arrivé entre nous quelque chose qui n'était

pas un accident mais le résultat d'une série d'événements, je crois qu'on pourrait appeler ça de l'usure. Un peu avant que tu me quittes je t'ai fait un enfant dans le dos sans te le dire et je me suis fait avorter ; c'était la première fois que je te cachais mes pensées. Avant que tu me quittes je voulais réussir quelque chose toute seule. Je suppose que dans la panique de ton départ j'avais oublié la fin dérisoire des contes de fées qui aboutissent aux enfants, j'avais aussi oublié qu'il ne me restait que peu de temps à vivre. Je suppose aussi que par esprit de vengeance il fallait que tu me payes avec cet enfant ou je serais à jamais collée à toi, mon dieu que je déteste la force des hommes à ne pas être concernés, mon dieu que j'aimerais être un homme pour ne pas avoir à dire ces choses-là.

Quelque chose en moi n'a jamais été là. Je dis ça parce que ma tante n'a jamais pu voir mon futur dans ses tarots, elle n'a jamais pu me dire quoi que ce soit de mon avenir même quand j'étais une enfant non ravagée par la puberté. Je suppose que pour certains le futur ne commence jamais ou seulement passé un certain âge. Chaque fois que je me rendais chez elle les cartes ne lui disaient rien. Devant moi les cartes n'étaient que des cartes, ma présence avait pour effet de les démasquer. Par délicatesse ma tante ne me l'a jamais avoué mais je sais qu'elle pensait que face à moi ses cartes perdaient leur troisième dimension, je sais que soudain elle ne voyait plus que la saleté du carton plastifié et le côté cliché des figures, elle ne voyait plus qu'un assemblage muet de lignes et de couleurs. Elle constatait leur taille et ne faisait plus la différence entre elles et le calendrier sur le mur, ses cartes et le calendrier ne lui donnaient plus qu'une information d'espace et de temps à laquelle rien ne pouvait être ajouté. Pour elle ce n'était pas ma vie qui perdait son sens mais la matière même de tous les futurs. Je sais aussi que mon existence la remettait en question, sans doute qu'elle déplorait que ses tarots ne sachent pas représenter le doute, l'inertie, ou le temps figé des gens qui attendent la mort.

Le jour de mes quinze ans j'ai pris la décision de me tuer le jour de mes trente ans, peut-être après tout que cette décision s'est posée en travers de ses cartes non armées contre l'autodétermination des gens.

Avec les années la peur de ne rien voir troublait ma tante et l'empêchait de se concentrer. Elle se mettait directement en cause, peut-être qu'avec moi elle a compris le désarroi des hommes qui ne bandent pas au lit. C'était très embarrassant pour elle et pour moi, c'était logique, ça voulait dire que toute ma vie il y avait eu erreur sur ma personne, ça voulait dire qu'à ma naissance il avait dû se passer quelque chose, par exemple que sous information médicale officielle ma mère attendait un garçon et que, une fois me tenant dans ses bras hurlant mes poumons à son adresse pour qu'elle ne me laisse pas tomber, elle n'a pas cru à mon sexe. C'est peut-être pour cette raison que mes premiers souvenirs se rattachent au bleu, d'ailleurs d'après certaines photos du grand album de famille les murs de ma chambre étaient recouverts de papier peint bleu, il me semble aussi que sur d'autres photos les poupées que je tenais dans les bras avaient un drôle d'air.

Quand on s'est rencontrés la première fois à Nova

j'allais avoir vingt-neuf ans sur le coup de minuit. Le problème entre nous était de mon côté, c'était la date de mon suicide fixée le jour de mes trente ans. J'imagine que si tu ne m'avais pas quittée, que si tu m'avais aimée jusqu'à la veille de mes trente ans, ma mort t'aurait marqué à vie et ce n'est pas parce que la solitude du jour au lendemain t'aurait fait crever, ce n'est pas non plus parce que dans le futur tu n'aurais pas pu en aimer d'autres sans avoir peur que ton amour tue encore, mais parce que dans le choc de ma disparition tu aurais compris que je venais de t'échapper en emportant avec moi toutes les réponses, et aussi parce que dans tous les souvenirs que tu aurais gardés de moi tu buterais sur mon cadavre. Si on en veut aux gens qui se suicident, c'est parce qu'ils ont toujours le dernier mot.

Entre nous il n'a jamais été question de ma mort prochaine. Avec toi j'ai appris qu'il existait des choses beaucoup plus intimes que le cul, j'ai appris que dans la vie certaines choses comme le désespoir ne se partageaient pas, que c'était un fardeau qu'on devait garder sur soi. Pendant notre histoire tu m'as beaucoup parlé de tes ex et j'ai très peu parlé des miens, quand on rencontre un homme on devrait pouvoir exiger de lui que ses ex soient définitivement hors du coup, on devrait avoir carte blanche pour détruire par le feu les albums de photos et les lettres, on devrait aussi pouvoir vider son système informatique de la trace des autres. Il n'a jamais été question de ça entre nous, de la porte de sortie de mes trente ans ; tu étais sain et les gens sains le sont trop pour concevoir qu'on puisse planifier sa mort, les gens sains ne courent pas après quelque chose qui arrivera tôt au tard sans réclamation.

De toute façon dire quelque chose là-dessus finit par mobiliser trop de monde, je le sais parce que en abordant le sujet avec mes parents quand j'avais quinze ans, je me suis tout de suite retrouvée à l'hôpital. Dans ma chambre se trouvaient d'autres filles qui en avaient parlé aussi, je me souviens que l'une d'elles avait même tenté de le faire, elle avait pris cent aspirines. Qu'elle vive toujours me paraissait miraculeux probablement parce que le chiffre cent m'avait impressionnée, il me semblait que c'était là le chiffre exact de la dose mortelle, c'était le point de retour vers le néant, je me souviens qu'autour d'elle elle avait fait bien des envieuses.

À l'hôpital il était dit que chez les adolescentes malades du monde occidental il y avait celles qui voulaient se tuer par overdose d'aspirines et celles qui perdaient du poids jusqu'à l'inanition. Selon les statistiques celles qui se laissaient mourir de faim prenaient plus de temps pour mourir mais y arrivaient plus sûrement, ça voulait dire que mourir à petit feu payait à long terme. Il était aussi dit que mourir de faim donnait beaucoup de visibilité dans la famille qui devait se réorganiser pour résister à l'appel d'un trou noir. Dès que je suis sortie de l'hôpital je suis devenue anorexique.

À l'hôpital, il était aussi dit que les garçons se tuaient plus efficacement que les filles qui, elles, réussissaient rarement leur coup parce qu'elles avaient une conception trop romantique des façons de se tuer. Souvent, le jour J, elles mettaient leurs plus belles robes et pensaient à l'avance à la position dans laquelle elles voulaient être retrouvées. Il était dit qu'elles étaient également trop bavardes et qu'on les voyait donc venir de loin. Il était dit que la plupart d'entre elles écrivaient des lettres qui prenaient des semaines à écrire et qu'en cours de route elles changeaient d'idée, l'impulsion leur passait, il était dit qu'écrire revenait à mettre son entourage au courant, d'ailleurs dans les écoles secondaires du Québec on met en garde les parents contre le goût de leurs filles pour l'écriture. On leur dit qu'écrire est louche à un âge où elles devraient écouter de la musique en lisant des magazines de mode, on leur dit aussi qu'écrire peut être un appel au secours, qu'au fond écrire veut dire avoir des choses à dire sans les dire et que ça cache donc un problème de communication. Quand on m'a hospitalisée c'était en pédiatrie. Il paraît que tout le monde, les médecins, la famille, les voisins, les amis et l'école secondaire au complet, a eu un mot pour moi mais je n'ai jamais su lequel parce que personne ne me l'a jamais dit, ce mot a dû être pauvre comme pauvre fille, ce mot a dû être pauvre comme déficit comme indigente comme handicap mental. Depuis l'avènement de la modernité le suicide a perdu son côté héroïque. Si mon grand-père vivait toujours il dirait que désormais se tuer n'est plus un outrage à la face de Dieu mais une sorte de crevaison, il dirait que sans la menace de la damnation éternelle au bout de la corde le suicide est devenu une option.

Ma tante m'aimait beaucoup malgré nos rendez-vous manqués avec le futur. Elle et moi on avait le même nez, grand et parfaitement droit, on aimait aussi l'idée que les morts aient suffisamment d'emprise sur la matière pour se venger des vivants. Dès qu'on lui a annoncé la nouvelle de mon hospitalisation elle est venue à l'hôpital avec ses tarots. Devant moi elle a reculé, tout à coup elle s'est rappelé que j'avais voulu mourir et qu'échouer une fois de plus à voir mon avenir dans ses cartes ne pourrait que me nuire davantage. Elle a préféré me parler avec son cœur, elle m'a dit qu'elle m'aimait comme une mère et que j'étais un cas ; je n'ai jamais su si elle voulait dire unique ou sans espoir. Ensuite elle a voulu tirer les cartes à quelqu'un, elle ne pouvait pas être venue en vain avec ses tarots alors qu'il y avait tant de gens en détresse autour d'elle et dans un mouvement de compassion elle a choisi la fille aux cent aspirines. Ma tante, soudain éclairée par ses tarots agencés en croix où la Lune et le Soleil se faisaient face, lui a dit qu'avoir eu la vie sauve allait marquer un tournant dans sa vie ; avoir survécu c'était en soi un signe de grandes réalisations, désormais, il y aurait pour elle beaucoup de calme et d'amour, elle serait entourée de blanc partout, de murs blancs et de sarraus blancs, assurément le blanc dominerait sa vie. Ma tante lui a dit qu'une profession de dévouement l'attendait et qu'elle vivrait une très longue vie où elle travaillerait dans le milieu hospitalier sans doute, elle lui a dit qu'elle serait probablement médecin ou peut-être bien sage-femme, qu'elle sauverait des vies ou encore qu'elle les tirerait du ventre des mères vers la lumière, enfin que dans tous les cas, la vie serait un enjeu. Pendant que ma tante lui annonçait tout ça la fille pleurait comme un bébé et à travers ses larmes elle lui a avoué qu'elle avait déjà pensé quand elle était enfant devenir infirmière comme sa mère. Un mois plus tard on a appris qu'à sa sortie de l'hôpital elle avait tenté de se suicider de nouveau en utilisant des lames de rasoir sur ses poignets. Quand on l'a trouvée elle portait une robe blanche avec une lettre posée dessus.

Quand tu m'as vue ce soir-là à Nova j'avais une longueur d'avance sur toi parce que tu savais déjà qui j'étais, tu me connaissais de réputation. Tu savais que dans le passé j'avais été une pute, tu savais aussi que j'avais écrit un livre qui s'était vendu et pour ça tu as cru que j'avais de l'ambition. La première fois que tu m'as vue c'était chez Christiane Charrette où j'étais l'invitée d'honneur. À mes côtés se tenait Catherine Millet et derrière moi défilaient sur un écran des photos d'elle nue. Assis dans ton salon tu as vu chez moi ce quelque chose de pas facile qui tenait à distance et qui détonnait dans le contexte d'une émission de télé où j'aurais dû être remplie de l'enthousiasme de me confesser devant un public ; tu as vu mon attitude qui était de réticence et qui aurait dû être de gratitude, de consentement et de coopération. Tu as pensé que j'étais une snob, que j'étais au-dessus de mes affaires en repoussant les questions de mon air exaspéré et que jamais une femme comme moi ne s'intéresserait à un homme comme toi ; j'avais eu la reconnaissance des Français et toi tu n'avais pas encore publié, pour toi j'étais certainement une femme de tête. Du côté de ton salon j'étais une conquérante, pendant le temps de l'émission tu en as même oublié Nadine.

Me connaître avant de me connaître t'a induit en erreur. Par exemple cette première fois où tu m'as vue à la télé tu n'as pas pensé que la lentille des caméras

agrandissait les gens en leur donnant la même capacité de saturer l'espace, tu n'as pas pensé que les gens
devenaient alors le centre du monde et de tous les
regards comme les étoiles tenues au bout du télescope
de ton père ; ton père était un passionné du cosmos,
et chaque soir, il partait dans sa petite cabane d'observation sur le toit de votre immeuble pour contempler
des étoiles dont il tentait de saisir le moment ultime
de l'explosion, te laissant seul avec tes jouets et ton
besoin de l'épater. Tu n'as pas pensé que dans l'écran
d'une télé on dépassait de loin sa grandeur réelle et
que le bleu des yeux paraissait toujours plus bleu, que
sous les spots du plateau la peau revêtait à tout coup
l'éclat doré de la réussite, mon dieu ce que je donnerais pour continuer à vivre sous cette forme dans ton
esprit, mon dieu que j'aurais aimé qu'on ne se soit
jamais rencontrés à Nova rue Saint-Dominique. Un
jour mon grand-père m'a dit qu'il y avait un lien étroit
entre l'amour et la distance, il m'a dit aussi que dès
le lendemain du jour de la création de l'homme Dieu
s'était retiré très loin dans le ciel.

Quand je t'ai connu j'ai connu du même coup tes
trois ex, Nadine, Annie et Annick. J'ai également connu
les filles du Net stockées en masse dans ton ordinateur
et qui, celles-là, portaient tous les noms regroupés en
grandes catégories, les Schoolgirls, les College Girls
et les Girls Nextdoor, les Wild Girlfriends et celles qui
portaient des bottes qui ne manquaient jamais de
te faire chavirer devant ton écran, les Fuckmeboots.
Grâce à toi j'ai appris que sur le Net il y avait peu de
Women.

Aujourd'hui je sais qu'entre nous il y a toujours eu trop de monde, je sais que d'avoir été pute dans le passé t'a laissé supposer bien des choses, par exemple que tout m'était acceptable du moment que j'en prenais l'habitude. Tu as supposé que dans tes manies de client ma complicité était déjà gagnée. Sur le sujet du déséquilibre entre le sexe masculin et le sexe féminin, j'avais plusieurs théories qui te faisaient rire. Entre autres je disais que l'équilibre entre les hommes et les femmes aurait pu exister si Dieu avait permis que l'ovulation soit produite par l'orgasme et non par l'autonomie d'un système qui ne tient pas compte de la montée du plaisir ni de l'urgence de se vider ni même des états d'âme qui pourraient entraver la libération de l'ovule. À ça j'ajoutais que si les femmes pouvaient décharger leur fertilité comme les hommes, les hommes en perdraient leurs moyens de bander et que cette question de la décharge des femmes les absorberait entièrement, qu'ils en parleraient des heures durant au téléphone avec leurs copains et qu'ils feraient les boutiques pour se rendre sexy. Je disais que la bipolarité qui supporte l'univers en agençant tous ses atomes et qui fait s'inverser les pôles sud et nord tous les x millions d'années donnerait aux hommes une nature de femme. Si mon grand-père m'avait entendue il en aurait été retourné, mon grand-père ne croyait pas en l'évolution de l'espèce humaine, il croyait seulement en sa disparition.

Avant moi tu n'avais connu que des brunes. Avant je n'en étais pas sûre mais aujourd'hui je sais que ma blondeur plaquée tous les mois sur mes cheveux châtains a joué un rôle dans ton amour qui ne savait plus où se mettre après seulement huit mois d'histoire et qui est retourné aux femmes de tes souvenirs. Je dis ça parce qu'il existe des constantes chez tes ex comme les cheveux bruns et les noms qui vont dans le même sens avec la sonorité fillette du N et du I, Nadine, Annie et Annick. Dans ma vie, j'ai dû porter dix noms au moins mais c'est sous celui de Nelly que tu m'as connue, c'est fou cette répétition qui tend vers un nom suprême comme Nannie, femme des femmes parce que vraie maman au sens des seins à boire et des bras où dormir au début des temps de ton monde, après tout pourquoi la clé de ta queue ne se trouverait-elle pas dans le plus petit d'une lettre et une couleur comme le brun ne pourrait-elle pas être la réponse à toutes tes questions ? Je me suis demandé si derrière le nom des hommes que j'ai aimés s'en tenait un autre, un nom de patriarche par exemple, un nom fait pour mon nom, qui s'opposerait aux choix de mon père et qui me conduirait au bout des pires cauchemars, le nom du grand amour pour qui je donnerais ma vie comme on dit quand on veut faire comprendre aux enfants que l'amour se paye au prix fort. Je n'ai rien trouvé et ça vaut peut-être mieux, voir son destin dans le nom des autres peut forcer à vivre. Au stade où j'en suis je préfère que les tarots de ma tante ne se mettent pas à parler.

À Nova je portais mon vrai nom pour les intimes et Nelly pour les autres. C'est donc dans la suite des noms de ton passé que je suis venue à toi. Mais le mystère de ton amour reste entier parce que je n'étais pas brune et que la couleur de mes cheveux ne faisait donc pas partie de tes plans. Tout le monde croit que je me raconte des histoires parce qu'il existe des blondes dites incendiaires et des brunes laides dont on n'a rien à dire mais tout le monde oublie que la beauté d'une femme ne sert à rien si elle n'entre pas dans le goût d'un homme et qu'une blonde même belle ne fait pas le poids devant un homme qui a besoin de la chaleur collectivement admise de l'amour d'une brune. Si je n'avais pas pris la décision de me tuer quand j'en aurai fini de t'écrire, je pourrais tenter sur toi l'expérience de me faire brune pour voir si tu me rappellerais à toi mais à quoi bon te permettre de flairer, le temps de la repousse, ma vraie couleur sous la teinture, j'en ai assez de ces manœuvres de séduction de laboratoire qui ont trop souvent eu ma peau.

Mais les brunes pourrais-tu me dire ne méritent pas tant d'efforts de ma part parce que au Bily Kun où on sortait chaque vendredi, tu regardais les blondes autant que les autres et même plus parce que leurs têtes à peau claire formaient des points de repère dans l'obscurité du bar. Tu m'as dit un vendredi que du haut de tes six pieds tu pouvais constater que les blondes restaient immobiles alors que les brunes ne tenaient pas en place, tu m'as dit que c'était parce que les blondes n'avaient pas besoin de bouger pour être vues alors que les brunes devaient jouer des coudes pour tomber dans le regard des hommes. Grâce aux blondes très blondes, as-tu dit ce vendredi-là en posant ta main de géant sur ma tête, ta main plus grande que Dieu qui savait me frapper sans me faire mal, le bar ressemblait à un ciel étoilé. Cette remarque aurait pu être un compliment, un vrai, un de ceux qui font comprendre aux enfants à quelle hauteur se situe l'amour, si tu n'avais pas dit ensuite que ton dégoût de la Petite et Grande Ourse et des voyages en camping où chacun raconte sa philosophie de salon du cosmos venait du goût de ton père pour l'astronomie.

Ton père cherchait dans le ciel des novæ ayant libéré dans une symphonie de couleurs la totalité de leurs gaz ou mieux encore des supernovæ explosées violemment sous pression atomique et si grosses qu'il lui était possible de les observer à l'œil nu ; ton père aimait dans les étoiles le résultat spectaculaire de leur mort. Souvent je te faisais remarquer que le nom porté par ses étoiles chéries était aussi le nom de l'after hour de notre première rencontre et ce fait t'affligeait, il te semblait que les événements significatifs de ta vie ne pouvaient pas, même de façon métaphorique, se rattacher à une dimension spatiale ni se calculer en années-lumière. Chaque fois que l'occasion se présentait, et même quand elle ne se présentait pas, tu disais que l'univers était perdu dans l'excès de ses dimensions et que c'était pour cette raison que ça ne valait pas la peine d'en penser la géographie. Tu disais aussi que pour sortir ton père de l'égarement tu avais choisi de te désintéresser du lointain pour te pencher sur ton prochain. Souvent je me suis demandé si les filles du Net sur lesquelles tu aimais te branler faisaient partie du lointain, ou du prochain.

Quand on s'est quittés pour de bon, le jour où j'ai compris qu'il me fallait mourir de ma propre main et non écrasée par ta force trop grande, on a convenu que le Bily Kun te revenait de droit puisque tu y sortais bien avant que j'y sorte et qu'à moi revenait le Laïka puisque tu détestais cet endroit. Ce soir-là on s'est départagé les bars de Montréal pour éviter de se croiser sans mentionner que Freddy, quelques jours plus tôt, avait dit en parlant des couples qui se séparent qu'inter- dire à l'autre des secteurs précis de la ville était une façon de lui donner rendez-vous.

Aujourd'hui, le Bily Kun n'est plus pour moi, ni les after hours organisés par Orion, le regroupement de DJ dont tu aimais les soirées mais avec lequel tu refusais de fraterniser, peut-être parce que Nadine y comptait de nombreux ex mais surtout parce que le vocabulaire qui l'entourait te rappelait ton père. Pour ton malheur ton père ne manquait jamais de ramener sur la table au dîner le nom de tous les phénomènes cosmiques pensés en fonction de leurs formes, telle la myriade des nébuleuses comme celles de l'Hélice, de l'Aigle, de l'Œuf, du Sablier et de l'Œil de Chat. Ton père ne manquait jamais de vous entretenir, toi et ta mère, des vents stellaires qui faisaient dévier les astres de leur course ou encore des étoiles bleues dont la chaleur surpassait de beaucoup celle des étoiles rouges ou jaunes.

Chaque année Orion organisait dans un immense loft de la rue Saint-Dominique quatre grands after hours correspondant au premier jour des quatre saisons : Géante Bleue au premier jour du printemps, Nova au premier jour de l'été, Trou Noir au premier de l'au- tomne et Big Bang au premier de l'hiver. Il y avait également Pulsar pour le nouvel an où la masse des fêtards exaltés par le speed attiraient le plus souvent les forces de l'ordre qui craignaient que le plancher ne s'effondre sur les têtes des voisins d'en bas. Depuis les débuts d'Orion on n'avait jamais raté leurs soirées qui étaient les plus belles sur la scène techno montréalaise ; c'est drôle de penser qu'au cours de ces trois dernières années, où, à dix reprises au moins, on s'est tous les deux retrouvés dans le même lieu, on ne s'est jamais croisés. Pendant ces trois années-là tu n'as pas remarqué dans l'obscurité du loft ma silhouette de poupée, et dans le bruit de la musique techno, ta voix ne m'est pas parvenue. Le premier jour du printemps de cette année je ne suis pas allée à Géante Bleue et le premier jour de l'été qui approche à grands pas en même temps que mon propre deadline, je n'irai pas à Nova. Je ne veux pas assister à une fête pour qu'elle triomphe de ma peine de t'y voir avec une autre, je ne veux pas te tenir à l'œil toute la soirée pour constater que tu ne me regardes pas. De toute façon tout le monde sait que la séparation d'un couple provoque l'infection des lieux fréquentés par le couple, qui peut selon les cas s'étendre aux lieux fréquentés par des rivales capables de mépris. Des rivales, j'en ai eu beaucoup avec toi, comme Nadine d'ailleurs passée par tous les lieux et même les moins fréquentables, Nadine connue de tous et qu'on nomme La Nadine, Nadine qui est partout et dont on ne cesse d'attendre l'arrivée dans les soirées, Nadine qui a le don de se faire aimer et surtout celui de ne pas aimer, Nadine qui t'a trompé, qui t'a quitté et à qui tu es peut-être retourné.

Tout le monde peut comprendre qu'une moins-que-rien comme moi ait peur de son ombre, on peut comprendre aussi qu'elle ait peur de reconnaître dans tous les bruns de Montréal ta démarche immense qui ouvre son propre chemin dans la foule des piétons qui n'ont d'autre choix que de laisser passer ta masse en descendant du trottoir et en se protégeant le visage des rafales de vent sorties de tes pas. Tout le monde peut s'entendre sur l'obligation de cette femme de te contourner de peur de sentir sur elle le trop de sa petitesse en se limitant aux quatre rues du Quartier latin et encore.

Notre histoire avait ses lieux qui n'étaient pas seulement des bars. Pas très loin du Bily Kun se trouve le Mont-Royal où on n'allait jamais mais dont on a souvent parlé.

Les dimanches de grand soleil se rassemblent sur le Mont-Royal des joueurs de tam-tam et des danseurs dont on avait horreur, toi parce que l'odeur de patchouli et la peau nue des torses d'hommes à proximité du trafic de l'avenue du Parc t'écœuraient et moi parce que je ne supportais pas la parade des chiens affolés par la présence des autres chiens ni l'air dégagé des questions matérielles de leurs maîtres. Un soir de semaine il nous est clairement apparu que l'ange du Mont-Royal qui prend son envol depuis toujours et du bout des orteils vers un coin perdu du ciel allait tomber sur la tête des musiciens et on s'est longuement questionnés sur l'origine de cette croyance. On a même prévu que l'ange quitterait son socle sous l'impact de la foudre et que la chute se ferait dans le bruit de ferraille que font les vieux cargos en accostant. Souvent on appelait le malheur sur les gens, on avait nos prières pour détester les autres.

Nadine se promenait de temps en temps au grand soleil d'été sur le Mont-Royal, je le sais parce que Josée m'a dit l'y avoir vue deux ou trois fois. C'est peut-être là, derrière les arbres plantés en jeu d'échec, qu'elle t'a montré tant et tant son expertise de te branler avec des mains plus grandes que les miennes et qui recouvraient ta queue jusqu'au bout. Avec toi chaque événement devait se rendre au bout de lui-même, c'est pourquoi une fille que tu as embrassée à la SAT, le plus subventionné des bars techno de Montréal, a fini par te sucer derrière un speaker et qu'elle l'a fait jusqu'au bout, jusqu'à la fin de sa gorge où ta queue, qui cherchait à rencontrer sa propre longueur, s'est vidée.

Tu aimais beaucoup ta queue et souvent tu la photographiais. Pour moi c'était un geste de victoire, une forme de conquête, c'était le drapeau américain hissé sur la Lune ; quand tu étais jeune tu as dû être un premier de classe. Pour ta queue j'ai inventé des formules qui te faisaient rire, je te soufflais à l'oreille ta queue pilier de notre amour et ta queue trésor caché au fond du lit ; ta queue que peu de femmes ont su apprécier à sa juste valeur me disais-tu souvent, ta queue que tu questionnais parfois parce que tu ne savais pas où la situer sur l'échelle des queues du monde où s'affrontaient les grandes races en ordre décroissant, les Noirs, les Arabes, les Blancs et les Asiatiques. À ce sujet tu déplorais que les Porn Stars ne soient pas de véritables références parce que choisis en fonction de leurs disproportions ; tu déplorais aussi que tes amis puissent mentir sur la leur, tu disais ne pas pouvoir t'assurer une fois pour toutes si oui ou non elle était grosse mais tu trouvais ma chatte étroite et c'était pour ta queue un bon signe.

Tu m'as dit qu'à la SAT elle t'avait sucé out of the blue, cette fille que tu ne connaissais pas mais qui voulait te connaître à tout prix comme tant d'autres, au prix de ne te connaître qu'une seule fois et derrière un speaker. Tu m'as raconté comment elle avait cherché ta braguette sous les néons bleus, comment elle avait tout pris sans rien recracher alors que tu ne lui avais rien demandé. Tu m'as dit la durée parfaite du début à la fin pour n'être pas vus par Annie qui t'accompagnait et le brun de ses cheveux que tu as caressé dans l'obscurité du bar.

Il est peu probable que Dieu ait prévu avant la Création que les scènes vues à travers le récit des autres seraient toujours les plus longues ni qu'elles contiendraient trop de détails ; on peut également se demander si, depuis que j'ai peur de la face cachée des choses et de ta présence que je pourrais y découvrir, les arbres poussent toujours sur le Mont-Royal. J'en veux à la configuration des astres de rester imperturbable devant le trajet aléatoire des femmes dans la vie des hommes, j'en veux aussi au soleil d'éclairer indifféremment les gens sans tenir compte de tes voisines qui pourraient se faire bronzer sous ta fenêtre, tes brunes de voisines qui pourraient bouger les fesses en se cambrant les mains derrière la tête et même pousser des cris en s'aspergeant d'eau froide. J'en veux aux filles de ton coin du plateau Mont-Royal qui pourraient puiser dans le répertoire de l'inouï tous les minois d'adolescentes qui te font bander.

Au début de notre histoire on s'entendait bien ; avec toi j'ai pris soin d'être ouverte, je ne voulais surtout pas que tu te heurtes à ma personne. Avec toi j'ai fait des choses que je n'avais faites qu'avec mes clients. Ensemble on a fait ce que les amoureux ne font habituellement pas, en matière de sexe il y a ce qu'on fait avec les étrangers et ce qu'on fait en famille. Si j'ai fait ces choses-là avec toi, c'est peut-être parce que j'ai fini par comprendre que tu serais le dernier à me toucher. C'est peut-être pour aller comme toi au bout de tout, pour fouiller ce qui me restait de virginité en grattant ses parois, c'est sans doute pour te donner, en plus de ma tolérance au pétrissage, les raisons de me quitter. Il paraît que pour s'attacher les hommes solidement, les femmes doivent montrer de la résistance.

Quand tu me baisais au début tes yeux se clouaient dans les miens et tu me serrais la gorge avec une main où passait ta force de chef en face d'une décision à prendre ; tu savais le geste de faire mal sans grand mal et me tenir au bord de la blessure. Cinq fois tu as craché sur moi sans jamais baisser les yeux, trois fois dans ma bouche et deux fois n'importe où sur mes joues. Ces choses-là se retiennent toujours dans leur nombre exact et la science n'a toujours pas compris pourquoi, sans doute parce qu'elles sont si troublantes que d'elles il n'y a rien d'autre à rapporter. Si ma tante avait pu voir tes crachats dans ses tarots, elle n'en aurait probablement rien dit de plus, ne pas s'aventurer dans l'inexplicable fait sans doute parti du don de voyance.

Tu pourrais me dire qu'au fond ce n'est pas si grave, que d'autres avant toi ont craché sur moi et que moi-même j'ai craché sur d'autres pour de l'argent. Tu pourrais dire que le geste de cracher n'est pas si différent de celui de marquer l'autre de ses dents ou de lâcher du sperme sur n'importe quelle partie de son corps. Tu pourrais me dire que mon passé de pute m'a fait voir et entendre le pire, c'est-à-dire tout ce qui est fait en dehors de l'amour dans la brutalité des organes qui n'ont pas d'histoire commune et dans le malaise des bruits qui sortent sans prévenir. Si aujourd'hui je dois mettre de l'ordre dans notre histoire, c'est peut-être parce que entre nous l'amour est venu là où il n'avait pas sa place. C'est sans doute parce que j'ai vu dans tes crachats de l'amour et que, pour toi, aimer voulait dire aimer sur l'autre ses propres traces.

Je t'ai aimé au premier regard à Nova même si je sentais qu'entre nous il n'y aurait que nos divergences, même si tu as dit, devant Adam, qu'une chirurgie plastique avait mis le feu à la Californie parce qu'elle avait rendu aux Californiennes l'étroitesse de leur chatte de fillette. À ça j'ai répondu longuement, je t'ai dit qu'il ne valait pas la peine d'avoir la chatte de la taille d'une fillette puisque de véritables petites filles régnaient partout sur le globe dans un corps à l'image de leur sexe sans poil, étroit et ouvert à tous parce que sans préférence, sans compter les millions d'Asiatiques qui remportaient sur toute la ligne des petites chattes la victoire. J'ai dit aussi que si l'amour était une question de resserrement des femmes sur les hommes, on pourrait épargner aux femmes d'avoir un vrai sexe parce que leurs culs servaient déjà à ça, à donner à l'autre le sentiment de sa grosseur et lui permettre le jeu de la résistance qu'il faut abattre. Tu as répondu qu'un jour les enfants n'auraient plus l'espace pour naître et resteraient prisonniers de l'étroitesse voulue par l'amour ; tous les deux ce soir-là on se donnait la réplique dans la bonne humeur, on avait le sens de la repartie. Ce soir-là je n'ai rien pu contre l'amour et sa faculté de prendre racine dans les ténèbres... Si j'avais su comme on dit, mais je savais déjà et ça n'a pas suffi.

À Nova on a beaucoup parlé et trop peut-être, l'information a créé entre nous de la confusion. Les gens qui en disent trop ne pensent pas à ce qu'ils disent, tu l'avouais toi-même en parlant de ton métier, tu disais que les journalistes coincés dans les échéanciers et soumis à l'exigence de produire en masse commettaient des erreurs de jugement ; tu disais qu'écrire tous les jours pour un quotidien était un peu comme conduire en état d'ébriété. Entre autres ce soir-là, tu m'as dit que souvent tu passais tes soirées à te branler, tu m'as aussi dit que tu avais déjà écrit dans *Le Journal* des articles sur la cyberporno et que pour les écrire tu avais dû faire beaucoup de recherches. Pour choisir les photos qui les accompagneraient, tu avais dû en passer plusieurs centaines en revue. Également tu étais en train d'écrire un roman sur le sujet et j'ai pensé encore un qui veut publier.

Sur le moment, je n'ai pas réagi parce que des années de prostitution m'ont fait comprendre que devant une force qui nous dépasse il vaut mieux se taire. De toute façon tout le monde sait que notre époque est de communication et que la communication veut dire la chance pour tous de se branler sur le Net dans la nouveauté, dans le dernier cri du primitif et devant ce qui nous chante comme des orifices sous les aisselles ou des fillettes de dix ans qui se meurent de sucer des queues. Si je ne t'ai pas bien entendu ce soir-là, c'est parce que ton accent couvrait ton discours.

Ce soir-là je n'ai pas réagi sans doute parce que entendre un homme parler est très différent de le voir faire. De me dire dès ce premier soir qu'il t'avait fallu des années pour tout connaître des sites pornos sur le Net prenait un sens abstrait avec ton accent de Français. Je me suis dit que ce n'était qu'une façon de parler, que ce qu'il fallait retenir se trouvait du côté du labeur, de la routine abrutissante du journaliste et du dégoût qu'il doit contenir et non du côté de la manie ou pire encore de la mission.

Quand je t'ai vu la première fois te branler devant ton ordinateur, les traits tirés vers l'écran où une jeune brune suçait avec peine une queue rendue immense par la petitesse de sa bouche, quand je t'ai vu pour la première fois une nuit où le bruit de ta joie immense à penser que c'était ta queue que cette bouche suçait m'a réveillée, rien n'a pu me consoler de t'aimer parce que dès le début tu m'avais prévenue : tout avait été mis sur table à Nova. Devant les sites pornos du monde entier où tu te trouves peut-être en ce moment, j'imagine que tu te branles trois fois par jour, je t'imagine bander de la comédie des chattes rasées qui t'invitent d'un regard où tu n'aimes plus que toi-même, la queue dans la main gauche parce que la droite doit servir à promener la souris sur des filles qui sont peut-être mortes la veille, qui sait.

Entre nous il y a eu un temps où on ne vivait plus que pour nous et où la présence des autres nous incommodait. Je me souviens que ta petite chatte Oréo en est même tombée malade, pendant des semaines elle n'a plus mangé et elle a commencé à perdre son poil par plaques. Ta colocataire Martine qui devait la nourrir quand tu n'étais pas là t'en rendait responsable sur de petits mots de reproches qu'elle collait sur la porte de ta chambre, si bien que très tôt tu as décidé de l'amener chez moi.

Pendant cette période-là on avait pour rire déterminé le temps qu'il nous fallait pour entrer dans la panique du manque, on avait calculé le nombre d'heures avant les appels au secours comme d'autres minutent le temps passé sans respirer au fond d'une piscine. En gros ça nous prenait quatre heures, c'était la limite de temps après quoi on ne tenait plus le coup. Je me souviens que tu étais toujours le premier à téléphoner quand on finissait par rentrer chacun chez soi. Je me souviens aussi que je ne répondais jamais au premier coup de fil, que j'attendais toujours le second et qu'au second je ne répondais jamais à la première sonnerie. Je me souviens que le second coup de fil suivait le premier d'à peine dix minutes et qu'au moment où je décrochais ta voix était brisée par l'anxiété. À ce moment ton inquiétude me réconfortait, pendant cette période-là j'ai cru pouvoir vivre au-delà de mes trente ans.

Ensuite le temps passé sans me voir et sans panique a augmenté toujours plus, je me souviens que les chiffres doublaient avec précision à une fréquence régulière, après deux mois c'était douze heures, après trois mois, vingt-quatre heures, après quatre mois, quarante-huit heures, à la toute fin tu ne voulais plus me voir que de loin en loin, ta limite de temps sans panique se reportait à trois semaines.

Pendant un temps qui a duré trois ou quatre mois peut-être, on s'est aimés, de nos jours le temps de l'amour raccourcit comme le reste. On vit à une époque où il y en a tant, à pleines pages dans les revues de mode et écrit en toutes lettres dans les tarots de ma tante, l'amour qui déborde des petites annonces et qui se prescrit par les médecins, l'amour devenu un droit pour lequel les homosexuels montrent leurs queues une fois l'an dans les rues de Montréal, l'amour qui prend forme à trois heures du matin dans les chiottes de bar, l'amour des affamés vus à la télé et l'amour des bouddhistes pour la vermine, il y a même de l'amour entre les morts qu'on enterre côte à côte dans les cimetières.

Malgré ton accent de Français tu parlais le québécois plus encore que les Québécois, n'étant pas né ici tu n'en portais pas la honte. D'être méprisé par la masse des Anglais et objet de moquerie des « Français de France » comme on dit ici pour doubler la distance, pour laisser aux Français la paternité du français, restait pour toi une abstraction. D'ailleurs à n'importe quel moment tu pouvais retourner dans ton pays d'origine, ça te faisait aimer le Québec.

Tu parlais ma langue en sachant que tu ne connaîtrais jamais l'opprobre où vivent les colonisés, en sachant aussi que l'assimilation n'atteindrait jamais les couches profondes de ta personne et que ton pays d'origine te protégerait à jamais du besoin d'être reconnu. Tu disais plotte, slut, slack, fun, pitoune, se crosser, tu disais t'en crisser, tu me renvoyais tous ces mots que j'avais mis des années à désapprendre, par exemple tu disais avoir une blonde et non avoir une copine ou une petite amie. Personne ici ne m'a jamais expliqué pourquoi au Québec toutes les petites amies sont des blondes, sans doute qu'il y eût jadis une époque de suprématie des blondes sur les brunes comme celle des Blanches sur les Noires, sur les Asiatiques et les Amérindiennes, enfin sur toutes les autres. Je me demande si un jour au Québec les blondes se feront massivement teindre les cheveux en brun, je me demande aussi à quel moment les Québécois en auront assez de dire ma blonde pour désigner celles qu'ils aiment, à quel moment ils s'apercevront que les brunes sont bien souvent les plus belles. Il paraît que les cheveux continuent de pousser même après la mort, c'est ce que le barbier dit dans *The Man Who Wasn't There*, que les cheveux mettent beaucoup de temps à comprendre que c'est sur un cadavre qu'ils poussent. Un jour mon grand-père m'a dit qu'au moment de la mort l'âme ne quittait pas toujours le corps instantanément parce que Dieu ne savait pas toujours qu'en faire, Dieu avait parfois besoin de temps pour délibérer avant de rendre son verdict, parfois il se heurtait à l'indécidable de la culpabilité des hommes dans le parcours de leur vie sur Terre.

Une jolie brune t'accompagnait à Nova, elle s'appelait Annie. Moi, c'est un DJ blond que j'accompagnais, le DJ Adam que tu détestais parce que Nadine y était attachée et aussi parce qu'il te surpassait en grandeur. À bien y penser, qu'Adam soit avec moi ce soir-là a sans doute contribué à me rendre intéressante parce que son métier faisait de lui un rival quasi imbattable devant les femmes. Tout le monde peut convenir que dans le cœur des femmes et surtout celles du plateau Mont-Royal être DJ vaut mieux qu'être journaliste, c'est une question d'exposition, c'est une question de concentration des regards remplis d'adoration des groupies.

Ce soir-là tu m'as dit que tu ne pouvais pas vraiment tromper Annie parce qu'elle n'était pas vraiment ta blonde. Plus tard tu m'as dit aussi qu'elle se situait aux antipodes de Nadine qui se répandait depuis toujours entre les hommes sans favoritisme, dans une pure nymphomanie intéressée par la surprise de trouver chaque fois dans son lit une nouvelle queue, que contrairement à Nadine, Annie t'aimait follement et que si tu avais voulu d'elle elle aurait fait de toi l'homme de sa vie, Annie était de la trempe des Cendrillons. Tu m'as dit que pendant les trois années où vous avez été ensemble sans jamais former un vrai couple, elle s'était effondrée chaque fois qu'on l'avait prévenue que tu en fréquentais une autre. Encore une fois j'aurais dû comprendre que c'est de moi que tu parlais aussi et qu'en t'aimant follement je te pousserai à chercher l'amour d'une autre. Ce soir-là tu as parlé de mon avenir bien plus que les tarots de ma tante auraient pu le faire, tu m'as dit que t'aimer d'amour voulait dire rentrer dans la catégorie des bonnes filles, des bonnes femmes accommodantes pour recevoir tes confidences sur l'appel irrésistible des autres femmes, tu m'as indiqué le chemin à suivre pour te perdre.

*
* *

Deux semaines après Nova on partait dans les Cantons de l'Est au chalet que mon grand-père m'avait légué à sa mort. On s'est arrêtés à deux reprises sur l'autoroute 10 pour baiser et pour faciliter les choses on a ouvert le toit ouvrant de ma New Beatle. Assise sur toi je jetais des regards inquiets vers les automobilistes qui filaient à toute allure sur l'autoroute et qui, apercevant le dessus de ma tête qui sortait du toit de la New Beatle, auraient pu être troublés par ce qu'ils devinaient et finir leurs jours dans des embardées.

Une fois au chalet on a baisé du matin au matin pendant toute une semaine dans le bruit des vagues et la pensée du lac à proximité, je me souviens que pour la première fois de ma vie j'ai crié de plaisir sans mentir. Pour la première fois devant un homme, j'ai préféré l'humiliation à la séduction. Que tu aies été le dernier homme de ma vie n'a pas empêché qu'entre nous il y a eu beaucoup de premières fois, du moins de mon côté, par exemple pour la première fois, j'ai eu envie d'être salie et frappée. Pour la première fois il m'a semblé que mon amour t'en donnait le droit et même l'ordre, d'ailleurs si tu avais voulu me tuer au chalet de mon grand-père, je t'aurais prêté main-forte.

Pendant sept jours pleins au chalet, on ne s'est pas quittés une seconde. La nuit tu me réveillais pour me dire que je m'étais retrouvée dans tes rêves et que tu m'y avais surprise avec un autre, dans tes rêves la nuit, tu me découvrais une nature de salope. Tu m'as fait bien plaisir en avouant que tu ne rêvais que rarement et que tu n'avais jamais passé plus de deux jours de suite avec une femme. Par là tu voulais dire qu'ensemble on avait battu ton record, que dans ta vie je venais de créer un précédent. Tous les deux au chalet on a vu les maringouins chercher l'entrée des fenêtres qui les empêchaient de rejoindre la lumière de l'ampoule unique sous laquelle naissait notre amour. Je me demande si les voisins, cachés dans l'obscurité de leurs années de mariage, ont pu en voir l'aspect particulièrement bestial.

Pendant cette semaine-là je t'ai donné le peu que mes clients m'avaient laissé, je t'ai laissé soutenir mon regard aussi longtemps que tu le voulais et me lécher le trou des oreilles, je t'ai laissé me tirer les cheveux et me cracher dans la bouche, je t'ai laissé me prendre dans la chatte après m'avoir enculée et après toutes ces étapes j'ai souvent consenti à te sucer pour ensuite tout avaler. Avec toi j'ai connu des moments d'engourdissement que connaissent ceux qui sentent venir la mort, ce qui s'est passé entre nous est allé bien au-delà de la routine des amoureux qui se découvrent des points communs en auteurs préférés et en opinions politiques. Tu m'as ramenée au degré zéro de l'autonomie qui me faisait bouger et respirer, avec toi je me suis assouplie. J'ai aussi perdu du poids et dans le manque de soins apportés à ma personne fixée à cet amour qui grandissait entre nous, j'ai souvent eu l'impression de quitter mon corps alors que tu me collais à toi. Tu m'as donné ce qu'il n'est plus possible de me donner, une vraie raison d'être, pendant cette semaine-là tes bras étaient toute ma vie.

Pendant cette semaine-là tu me suivais partout dans la pièce unique du petit chalet jaune au toit pointu qui sortait d'entre les arbres. Quand tu voulais me faire prendre une direction, celle du lit par exemple, tu m'empoignais la nuque en exerçant une pression qui me poussait là où tu le voulais. Par crainte que tu te lasses, je te résistais un peu, j'invoquais la vaisselle sale et les fenêtres sans rideaux devant lesquelles le voisinage aurait pu se donner rendez-vous. Dans les magazines de mode on dit que les femmes ne doivent pas obéir au moindre début d'érection de leurs hommes au nom de leur désir, on dit aussi que les femmes doivent représenter pour eux un défi en opposant une volonté propre faite de retenue et ce, pendant la première phase de la relation au moins. Entre nous les phases se sont englouties dans mon manque de fond, de moi qui pliais attentive au son de ta voix et qui m'agenouillais pour baiser tes genoux en fermant les yeux ; tu possédais déjà tout.

Quand par principe cette semaine-là on allait prendre l'air de la campagne, debout en déséquilibre sur les grosses roches qui nous séparaient de l'eau, on manquait tout de la beauté des Appalaches qui contournaient le lac et du soleil qui finissait toujours par atterrir au sommet d'une montagne célèbre dans le coin à cause de sa rotondité parfaite de sein de géante couchée sur l'horizon, tant on s'embrassait. Les premiers jours tu m'as prise en photo sous tous les angles avec ton appareil numérique tenu au bout de tes six pieds et dans lequel j'apparaissais toute petite les yeux levés vers l'objectif, tu m'appelais schtroumpfette. Si ma tante avait lu ces photos au lieu de ses tarots, elle aurait pu me dire qu'à ce moment il était déjà trop tard pour moi, que le mal était déjà fait, que sur mon visage transformé par l'amour se voyaient déjà les signes de ton départ. Pour preuve sur toutes les photos j'avais les mains prises l'une dans l'autre et comme tordues.

Tu as voulu prendre des photos de moi nue dans la sauvagerie des bois mais mes cheveux décolorés et mes faux seins contrecarraient l'effet de naturel recherché. Dans la crainte que ces photos ne te dégoûtent un jour ou pire ne te fassent rire, je t'ai prié de les effacer mais tu as refusé. Dès que tu as eu le dos tourné, je l'ai fait moi-même, je me demande si un jour tu as fini par t'en rendre compte.

Dans les bois on s'est chamaillés comme des enfants, j'ai essayé de te faire mal et toi tu as pris garde de ne pas me faire mal. Tous les deux on a dépassé les limites de la propriété de mon grand-père en allant vers l'est et je t'ai montré les ruisseaux vaseux qui allaient se jeter dans le lac des Araignées trois kilomètres plus loin. Je t'ai raconté comment mon père et moi nous y étions aventurés en canot quand j'étais petite, comment nous avions dû revenir à pied parce que le canot n'avançait plus et comment la vase était

si molle et si épaisse que j'y avais laissé mes deux
bottes en caoutchouc. Je t'ai dit que personne n'avait
jamais justifié le choix des Araignées dans le nom du
lac délaissé par les touristes probablement à cause de
son nom et tu as supposé qu'il venait de sa forme vue
de haut. Des mois plus tard, mon père a confirmé ton
intuition, il paraît que vu d'un avion le lac ressemble à
un tas d'araignées à cause du grand nombre de ruisseaux qui le couronnent.

Ce jour-là en revenant vers le chalet, on a vu les
traces d'un animal dans le sable de la baie des Sables
et tu les as prises en photo pour les membres de ta
famille en France, c'était la première fois en cinq ans
que tu pouvais leur montrer du typique. Selon la lar-
geur des pistes ce ne pouvait être que celles d'un ours
et on s'est demandé si les ours avaient peur de l'eau.
Dans l'éventualité où un ours, caché dans les brous-
sailles où se croisaient les ruisseaux d'où on venait,
chargerait sur nous, on s'est demandé si on pourrait
lui échapper en prenant le large. Quand je t'ai dit que
dans ma vie je n'avais vu d'ours que dans les zoos, tu
ne m'as pas crue.

Pendant cette semaine-là on devait visiter mes
parents et mes amis, on devait partir en voiture pour
admirer le relief des Cantons de l'Est depuis le mont
Mégantic mais chaque jour qui passait t'en faisait
perdre un peu plus l'envie. Pendant un temps qui a
trop peu duré, l'idée que j'aie une famille t'était insup-
portable. Le fait d'avoir un passé sans toi et des amis
qui m'avaient vue avec d'autres m'arrachait à ta main,
ça te privait d'un dû. À ce moment la partie n'était pas
encore gagnée entre nous, l'amour te désemparait.

Par exemple cette semaine-là tu m'as souvent mordu les doigts parce que tu croyais que j'avais de mauvaises intentions, en me faisant mal, tu devançais ma trahison ; de mon côté, je me détestais d'aimer ça, ça me donnait envie de te trahir pour me faire mordre encore.

Là-bas au chalet tu ne voulais pas me voir travailler à mon mémoire de maîtrise ni même lire les romans de Céline que tu avais apportés dans tes bagages, peut-être parce que enfant tu avais trop souffert de l'amour que ta mère portait à son chien Bicho, peut-être aussi parce que ton père cherchait au fond du cosmos le trésor de la vie qui habitait pourtant sa maison. Ton père était affligé par la petitesse et la fadeur des humains alors qu'il était transporté de joie par la présence immémoriale et stable mais surtout par la fulgurance de la vie cosmique soulevée par la démesure de ses combustibles comme les tempêtes solaires ou encore la grande tache rouge composée de gaz qu'il regardait se déplacer sur Jupiter comme un monstrueux cyclone. Un jour tu m'as dit que ce n'était qu'une fois malade, et couché dans un lit d'hôpital, que ton père s'était aperçu que tu avais atteint tes six pieds. Tu m'as dit aussi que depuis ta naissance ton père passait tout son temps devant un télescope puissant qu'il avait payé une fortune et que pour se plonger en entier dans les feux d'artifice lancés par les novæ et les supernovæ il avait délaissé tout le reste à commencer par toi ; c'était pour cette raison qu'aujourd'hui tu exigeais des autres une attention totale et que tu prenais tant d'espace.

Pendant le chalet et les semaines qui ont suivi, tu m'as enlevé une par une les activités qui me permettaient d'avoir des choses à dire en société. Ce n'était pas grave parce qu'à ce moment de ma vie je ne faisais rien, pas même écrire, je rédigeais un mémoire de maîtrise qui affolait ma directrice parce qu'elle constatait mes problèmes de syntaxe où s'écroulait ma démonstration théorique sur la folie du président Schreber, ce magistrat allemand qui avait rédigé le procès-verbal de son délire. Pour elle le dérèglement de la langue allait de pair avec des problèmes d'ordre mental, c'était une lacanienne. Elle seule savait que sur le marché de la publication j'étais un imposteur. La publication m'a rendue redevable. Par exemple chaque fois que je ne trouve pas les mots et que je m'interromps en fin de phrase, autour de moi on s'étonne, on les réclame, chaque fois que je ne fais pas entendre la liaison entre les mots comme dans les sourires adressés aux anges par exemple, on le note, on me fait remarquer que je suis un auteur publié. Être un auteur publié implique de lourdes responsabilités vis-à-vis de la langue, il faut savoir articuler.

Cet été-là ton arrivée a été remarquée par mes amies, ta beauté tout en longueur les a frappées. Sans exception elles étaient contentes pour moi, même Josée normalement critique à propos des hommes admis dans ma vie. Elles trouvaient que je méritais l'amour parce que dans le passé j'avais eu tout sauf ça, j'avais eu de l'argent et du temps pour m'amuser, j'avais eu les voyages dans le Sud et le teint bronzé, les sorties au resto et les courses en taxi, un corps refait à neuf et un coiffeur attitré chez GLAM. J'avais eu la vie facile mais j'avais manqué de l'essentiel : du couple qui s'aime et des papillons au ventre, des projets d'avenir dans un loft sur le Plateau et du partage des tâches ménagères. Mes amies aimaient beaucoup les magazines de mode ; de me voir heureuse leur a fait perdre leur vigilance, pour elles l'amour ne s'accordait pas avec le danger de mort. Mes amies étaient normales, elles étaient en couple et pour la plupart depuis des années, certaines avaient même des enfants et avec ça, elles avaient une carrière et des amants. Nous, on était des outsiders, j'avais été pute et tu étais pigiste.

Tu avais trois ans de moins que moi et pourtant tu me surplombais ; quand tu te déplaçais dans une pièce, ça me posait automatiquement dans un coin. Avec ta main tu pouvais recouvrir entièrement mon visage et en encerclant ma taille avec tes deux mains, tes index se rejoignaient dans mon dos. Nos disproportions t'excitaient parce qu'elles te mettaient en relief, elles t'augmentaient.

Je me souviens d'une carte du jeu de ma tante appelée la Force où on voyait une femme tenir ouverte la gueule d'un lion avec ses mains. D'après mes souvenirs cette carte n'est jamais apparue dans aucun de mes tirages, il me semble même qu'un jour où ma tante tentait de sortir quelque chose des cartes tournées en face d'elle elle a décidé de procéder par déduction, d'analyser plutôt les cartes qui n'étaient pas là. Elle a noté ce jour-là l'absence de la Force dans le circuit de ses vingt-deux cartes, selon elle, beaucoup d'incertitudes m'entouraient, mais au-delà de tout doute je n'étais pas un dompteur. Cette carte était la carte du contrôle de toute situation par l'audace et la technique, c'était la carte de la dextérité en matière de dégringolade du monde autour, elle freinait les débordements, c'était un genre de muselière.

Dans son jeu de tarots tu aurais pu prendre la forme d'un Pape ou d'un Empereur, tu aurais pu revêtir la couleur bleu glacé des étoffes fleurdelisées. Ou bien tu aurais pu prendre la forme d'une tour, cette carte-là, je la rencontrais très souvent dans mes tirages, à la longue je n'en ai plus eu peur. Dans le monde de la cartomancie de ma tante, on appelait cette carte la Maison-Dieu et cette maison n'était pas un lieu de culte mais une arme pointée sur l'humanité, c'était une grenade ou encore un volcan. Elle représentait la colère divine se déchaînant en bataille sur la tête des gens en bas, d'ailleurs on pouvait voir sur la carte une tour s'écrouler en faisant voler ses pierres. De plus ma tante disait qu'elle annonçait toujours une catastrophe inexplicable et démesurée qui arrivait d'en haut pour terminer sa chute droit à terre, c'était un Act of God. Jamais ma tante n'a pensé que la tour pouvait être un homme aimé, pour elle l'amour brillait toujours dans le ciel, c'était un sentiment aérien et ascendant qui dans le pire des cas pouvait se dissoudre inopinément en lâchant des odeurs désagréables et donner la nausée. Dans sa passion pour le futur elle a oublié le trou humide fermé à la lumière du jour où elle a grandi avant de naître.

Quand j'y pense aujourd'hui je suis certaine que ce temps passé au chalet a continué pour moi, d'ailleurs il est probable que je n'en sois toujours pas sortie.

*
* *

Pendant cette semaine-là tu n'as jamais desserré
ton étreinte, si bien que sur le chemin du retour à
Montréal tu as voulu que je pose ma tête sur tes
genoux pendant que tu conduisais. De nous retrouver
comme ça m'a rappelé un film où un conducteur
étourdi par sa passagère qui le suce trouve la mort
dans un accident, sans doute après avoir vu sa vie
défiler depuis ses premiers gâteaux d'anniversaire surmontés de bougies à souffler jusqu'au point présent où
il lâche le volant pour de bon, déchargeant violemment et une fois pour toutes dans les tonneaux. Il
paraît que si Dieu a permis aux hommes de faire le
bilan de leur vie avant leur mort sous la forme d'une
succession de souvenirs prégnants, c'est avant tout
pour leur redonner leurs justes proportions dans l'univers, c'est pour leur démontrer que l'essentiel de leur
existence peut tenir dans une fraction de seconde.
C'est également pour qu'ils constatent l'échec de leur
vie et dans certains cas pour que paraisse moins injuste
la brûlure éternelle de l'enfer qui les attend, c'est mon
grand-père qui me l'a dit. Je me demande si, au bout
d'une si brève rencontre, on aurait pu toi et moi se
retrouver dans un dernier souvenir commun en mourant tous les deux sur l'autoroute. Pendant le trajet
j'ai aussi pensé à ce qu'il adviendrait de moi dans une
collision frontale, je me suis demandé si, en me retrou-
vant à tes pieds au fond avec les pédales, la voiture ne
risquerait pas de m'avaler. Je me suis demandé si la

voiture et moi, désormais indissociables, ne forme-
rions plus qu'un seul bloc, si dans le cercueil fermé au
salon funéraire, mon corps n'aurait pas la forme du
métal tordu. Plus tard j'ai pensé à ce moment comme à
une occasion manquée.

Pendant le trajet j'ai pensé que tu allais me demander
de te sucer mais la demande n'est jamais venue. De
temps en temps tu me mettais un doigt dans la bouche,
pour toi c'était peut-être une forme de compromis.
Pendant trois heures pleines à rouler sur l'autoroute 10,
tu m'as beaucoup parlé de ton père et de son penchant
pour les étoiles, tu m'as étonnée quand tu m'as dit qu'il
n'avait jamais eu d'intérêt pour aucune autre femme
que la sienne, toi-même tu ne pouvais pas y croire.
Que tu n'y croies pas aurait dû me sonner une cloche,
ça voulait dire que tu prêtais à tous les hommes la
même nature, ça voulait dire aussi que cette nature
était d'éparpillement. À ce moment j'ai pensé au
contraire que tu pourrais m'être fidèle, je ne savais pas
encore que l'Atlantique, qui vous séparait, toi et ton
père, depuis cinq ans au moins, n'avait rien changé à
ta volonté de le contrarier en devenant son envers.
Pourtant chaque fois que tu parlais de lui, tu faisais
exactement comme lui, d'un seul coup la distance
s'ouvrait devant toi, tout à coup tu regardais au loin
comme si la révélation de l'espace stellaire te délogeait
du monde terrestre, tu perdais tout de vue, tu débar-
quais de ta grandeur. Aujourd'hui je me demande si ton
père n'a pas rencontré Dieu quelque part entre les
étoiles, je dis ça parce que mon grand-père disait que
voir Dieu rendait aveugle au reste, que c'était comme
assister à une éclipse solaire sans la protection de

lunettes, que ça laissait des taches noires dans le regard, il disait que ça posait des angles morts tout autour.

Pendant les premières semaines de notre histoire je te faisais peur à cause de mon passé de pute et de mon statut d'auteur publié. D'ailleurs en me voyant arriver, tes amis ont fait l'unanimité en me comparant à Nadine, ils se sont dit encore une garce. Entre nous il y avait l'écart de mon expérience et celui de mon succès. De ton côté on croyait à ma supériorité, d'avoir été pute me donnait sur toi un avantage numérique. Beaucoup plus tard j'ai compris ce que tes amis voulaient dire, ils voulaient dire qu'ils te connaissaient par cœur. Ils voulaient dire que selon leur expérience de toi tu ne donnais ton attention à une femme que si elle avait la réputation de se distribuer partout dans ton entourage et même devant toi. C'est pour ça qu'au début tes rêves indiquaient que j'étais de la race des salopes et que, forte de cette race, je pouvais te laisser tomber ou, pire, t'humilier comme l'avait fait Nadine en embrassant devant toi des hommes au Bily Kun ou encore en relançant dans ton dos ses trop nombreux ex qui, depuis elle, n'avaient jamais pu s'attacher à aucune autre. Nadine avait le don d'écarter les autres femmes du passé et même du futur des hommes, je me demande si ma tante l'a déjà rencontrée dans ses tarots en les tirant à une de ses clientes. Il paraît qu'en marquant la vie de plus de cinq cents hommes, Nadine a du coup marqué celle de dix fois plus de femmes, d'ailleurs tous les Montréalais que je connais ont eu un rapport direct ou indirect avec elle. Un vendredi soir au Bily Kun, j'ai embrassé ton ami Mister Dad alors que tu étais là mais tu n'as rien vu, tu regardais ailleurs, probablement une tête blonde qui te servait de point de repère sur le chemin des toilettes où tu tirais tes lignes de coke. Dans ma volonté d'être une salope, j'avais bien souvent un problème de timing.

*
* *

Au chalet de mon grand-père tu as lu mon dossier de presse parce que tu voulais te charger de ma demande de bourse au Conseil des Arts et des Lettres du Québec. C'était un travail ardu que je devais te payer, tu jugeais mériter 10 % du montant total de la bourse. Quand j'ai finalement reçu la bourse, tu n'étais déjà plus dans ma vie. À ce moment j'ai su par Freddy que tu attendais toujours un chèque par la poste. De savoir que tu lui avais parlé de cette bourse m'a jetée dans un tel trouble que je n'ai jamais pu y toucher, il me semblait que ma privation permettrait à notre histoire de se poursuivre dans mon compte de banque ; désormais, je tenais l'argent en otage.

Il fallait convaincre le jury du Conseil des Arts et des Lettres du Québec d'investir sur moi ; pour ça, il fallait fournir la preuve d'un avenir possible en Europe et pour ça tu avais quelques compétences en tant que journaliste français, tu connaissais l'ordre précis dans lequel il fallait présenter les coupures de presse, du plus grand au plus petit. Tu savais que, sur l'échelle du prestige, *Le Monde des Livres* passait devant *Libération* même si en tant que gauchiste tu penchais vers *Libération*. La treizième coupure du dossier venait du *Journal* où paraissait la grande majorité de tes articles ; longtemps on s'est demandé si on devait la mettre ou pas, dans nos préoccupations financières, les superstitions concernant l'influence néfaste du chiffre 13 entraient en ligne de compte.

À ce moment tu avais peut-être déjà perçu chez moi le problème de connexion avec mon propre futur qui m'a toujours empêchée d'être efficace en affaires. Que je sois incapable de te dire où étaient passées les centaines de milliers de dollars arrachées à mes années de prostitution te semblait incroyable ; pour toi cette insouciance non dirigée vers autrui procédait de l'autodestruction, c'était également une forme extrême de cynisme face au capitalisme, c'était du sabotage, c'était un acte de dévaluation du système. Cette semaine-là, tu m'as dit que si tu m'avais connue quand j'étais pute, tu aurais pu trouver une façon de les placer pour moi pour ensuite en retirer un pourcentage, il te semblait que les putes qui étaient également des escortes devaient se prendre un agent. À ce niveau de richesse à blanchir, la notion de maquereau devait être repensée, les putes d'affaires avaient comme toutes les autres besoin de quelqu'un pour les protéger d'elles-mêmes. Pour toi, la dilapidation des putes s'effectuait à toutes les couches de leur personne, à quoi je répondais qu'en jetant leur argent par les fenêtres, c'est en fait des clients que les putes se débarrassaient.

En lisant mon dossier de presse, tu as peut-être vu en moi une autorité, je dis ça parce que le jour où tu y as travaillé, tu ne m'as pas baisée dans ta routine habituelle, tu y es allé tout en douceur. Dans tes caresses il y avait de la supplication, tu as même insisté pour me lécher la chatte alors que tu savais que je détestais ça au point d'en avoir fait une singularité fichée sur le Net par des clients insatisfaits qui raffolaient que je les suce mais qui déploraient l'absence de réciprocité sur ce plan. D'ailleurs plusieurs ont écrit dans des forums de discussions we can't go down on her, ils ont aussi écrit que, pour compenser cette interdiction incompréhensible en regard des sondages des magazines de mode qui font du cunnilingus la plus sûre des façons de faire jouir une femme, je consentais parfois à les embrasser sur la bouche. Pour toi, lécher une chatte était un geste sans véritable but sexuel, c'était une sorte d'offrande, c'était une consécration et les consécrations ne te faisaient pas particulièrement bander, de toute façon tu ne comprenais pas qu'un client puisse vouloir faire ça à une pute et moi non plus d'ailleurs, je ne l'ai jamais compris. Je t'ai dit que lorsque je leur posais la question certains répondaient qu'ils ne me payaient pas pour faire ce qu'ils faisaient déjà à leur femme, par là ils voulaient dire qu'ils me feraient à moi précisément tout ce qu'ils ne leur faisaient pas à elles. Ce partage des pratiques sexuelles entre les épouses et les putes a contribué à entourer de confusion les gestes que tu as posés sur moi ; souvent, ils m'ont parlé plus qu'ils ne m'ont touchée.

Le jour où tu as monté mon dossier de presse au chalet, tu es venu à moi à plusieurs reprises pour lire à haute voix des critiques de différents journaux de France ou du Québec. Chaque fois je t'ai demandé de te taire et chaque fois tu poursuivais ta lecture jusqu'à ce que je t'arrache les coupures des mains, tu ne comprenais pas que je ne veuille pas lire des critiques qui me concernaient, tu ne comprenais pas non plus que je ne veuille pas me regarder à la télé alors que n'importe qui d'autre s'en empresserait, tu ne comprenais pas que pour certains il est impossible de se voir en face à moins d'entourer l'événement de mille précautions, à moins de contrôler la situation de l'opinion de l'autre et de son propre corps qui bouge sous un mauvais éclairage. Tu ne comprenais pas qu'à la lecture de mon dossier de presse je me jette sur toi en hurlant que toute ma vie j'avais dû me protéger des autres et de leur parole qui me bouleversait trop en me repliant sur des livres écrits par des auteurs morts pour la plupart depuis longtemps, que la parole des vivants officialisée dans les journaux était la pire parce qu'elle donnait des faits concrets et qu'elle prenait à témoin la masse où tu te trouvais toi-même. Tu ne comprenais pas que l'auteur d'un livre titré *Putain* puisse avoir peur des mots et que la pudeur lui bouche les oreilles.

Ce jour-là au chalet, il y a eu un début d'étonnement de ton côté, tu as reçu avec le sourire mon refus d'entendre les autres. Tu ne savais pas que les coupures de journaux avaient confondu les tarots de ma tante pourtant fidèles à leur mutisme d'une fois à l'autre et que mon destin de morte était remis en question, tu ne comprenais pas que ces coupures me mettaient sur la carte alors que je devais rester invisible, que toute cette histoire contredisait l'évidence de mon destin. Si tu l'avais su, il n'y aurait pas eu d'histoire entre nous, tu aurais gardé tes distances. Au chalet je te paraissais sans doute mignonne parce que dans ton étonnement tu n'as pas prononcé folle mais timide, ma réaction était pour toi un excès de modestie qui allait jusqu'à forcer la disparition des preuves matérielles de ma réussite, c'était une façon d'aller au bout de mon intégrité d'artiste. Le problème avec la folie, c'est qu'elle a plus d'un tour dans son sac, c'est qu'elle a également ses écrans de fumée pour les gens sains d'esprit, la folie sait ne se dévoiler qu'une fois trop tard et passer pour un trait de caractère ou même une stratégie de séduction, elle sait donner à la mort les attraits de la lolita.

Un jour tu m'as dit que tu voulais publier le plus rapidement possible pour être le premier à parler de sites pornos dans un roman, il te semblait que c'était là une innovation qui te ferait connaître. Pour toi, écrire voulait dire mettre à jour, ça voulait dire suivre l'actualité et avoir l'exclusivité. Tu écrivais dans la déformation professionnelle. Tu n'aimais pas que je te dise que dans cette fine pointe technologique qui reproduisait par le travail des pixels la réalité ne se trouvait rien de bien nouveau, qu'en fait on n'y trouvait que le plus vieux métier du monde comme on dit pour parler de la plus vieille manie de se soulager en singeant la conquête. Pour toi la nature humaine devait bien évoluer au même titre que le reste, par exemple tu croyais que depuis le phénomène de la pornographie du Net où on trouvait de tout et plus encore, des choses inouïes auxquelles on accédait dans la seconde et massivement sur la planète, personne n'avait plus aucune raison de se branler avec ses propres images mentales trop pâles et sans consistance, tu croyais que le Net avait rendu l'imagination désuète.

Il te fallait publier le plus rapidement possible pour entrer dans la catégorie des jeunes auteurs et pour être un jeune auteur il fallait publier avant l'âge de vingt-huit ans. Après vingt-huit ans c'était déjà l'âge mûr et se faire connaître dans sa maturité faisait partie du plus commun. Il valait mieux être connu dans l'extra-ordinaire de sa jeunesse, d'ailleurs plus la jeunesse était flagrante, plus les chances d'apparaître en page de couverture des grands quotidiens augmentaient. En tant que journaliste tu savais à quel point les jour-nalistes penchaient vers les nouveaux venus et surtout vers les plus jeunes d'entre eux, et à quel point ces nouveaux venus gagnaient à connaître personnelle-ment les journalistes, d'ailleurs tu avais préparé ton terrain en te liant d'amitié avec les critiques littéraires de *Ici*, de *Voir*, de *La Presse* et du *Journal*. Quant à moi j'aurais dû y penser avant, disais-tu, en raison de ma naïveté qui a souvent passé pour de l'effronterie, les erreurs faites dans le tâtonnement des comptes à rendre au public ont bien souvent été critiquées. Tu disais que les médias n'étaient pas un champ d'explo-ration mais une scène de performances où on ne pou-vait monter que parfaitement préparé, tu disais à ce sujet que mon inexpérience avait permis à certains de me ridiculiser, que si j'avais eu un agent les choses auraient tourné autrement. Selon toi le monde des médias ressemblait beaucoup au milieu de la prostitu-tion, les journalistes étaient comme les clients qui aiment découvrir la chair fraîche, quand ils tombaient sur un nouveau jouet, ils le mettaient en circulation, ils se le passaient entre eux.

*
* *

Quand on est revenus des Cantons de l'Est, il y a eu la phase Bily Kun, là-bas, on a eu notre passe de drogue. Pendant cette phase on s'est aimés dans l'exaltation des montées et dans le crash des fins de soirée.

La coke nous donnait beaucoup de choses à dire. Quand on prenait de la coke, on ne s'engueulait jamais, tous nos travers allaient de soi, parfois je parlais autant que toi. Souvent les mots dépassaient ce qu'il était permis de dire et ce n'était que le lendemain qu'on en découvrait le sens. C'est au Bily Kun un vendredi soir que tu m'as confié que tu aimais prendre ta queue en photo et que je t'ai répondu, poussée par la dopamine et son mirage d'une vérité dernière à partager, que c'était parfaitement normal pour ensuite te raconter comment un de mes anciens clients souffrait également de trop s'aimer, comment il devait toujours tenir sa queue à l'œil quand il baisait, comment avec les putes, ça pouvait aller, mais qu'avec les autres, ses copines, c'était difficile à expliquer. La coke faisait déjà partie de nos vies respectives depuis quelques années, mais toi tu étais bavard de nature et devant tes amis ça ne paraissait donc pas alors que moi qui ne parlais pas beaucoup je suis passée devant tes amis qui ne me connaissaient pas pour une vraie bavarde. Quand ils me voyaient en semaine, ils devaient se douter de quelque chose, mon mutisme devait leur mettre la puce à l'oreille, je ne sais pas si dans leur esprit le lien avec la coke se faisait. En tout cas à aucun moment au Bily

Kun on n'a abordé le sujet avec eux, la drogue n'était pas comme le sexe, c'était une affaire plus personnelle.

Je t'ai suivi jusqu'au bout au Bily Kun et souvent ailleurs, à la SAT ou encore dans les after hours rue Saint-Dominique comme au Trou Noir en automne et au Big Bang en hiver quand le Bily Kun fermait ses portes à trois heures du matin. J'étais amoureuse et je voulais te voir heureux, parfois je te donnais le fond de mon sac pour t'entendre parler plus longtemps. Nos va-et-vient entre les toilettes et le bar où on prenait nos bières ont dû inquiéter tes amis qui, eux, ne se droguaient pas. Par tradition les amis veulent le bien de leurs amis et vouloir leur bien veut aussi dire intervenir par des conseils dans leur déchéance, ça veut dire y mettre un frein. C'est vrai que tu étais un grand garçon, que tu décourageais les interventions.

Entre autres amis il y avait JP que tu connaissais depuis que tu vivais au Québec et que tu aimais beaucoup parce que vous aviez tous les deux le même discours sur les femmes, pour vous elles ne savaient vibrer qu'auprès des Bad Guys et des Hard to Get, les femmes aimaient se rendre la vie dure. J'ai remarqué que dans ton accent de Français il y avait un peu de JP ; d'ailleurs les gens vous confondaient souvent, ils vous prenaient pour des frères et entre vous deux les femmes ne savaient jamais qui choisir. À force d'être ensemble, vous aviez des traits l'un de l'autre même si vous n'aviez pas du tout la même taille et comme tous les habitants du Plateau vous exprimiez votre cynisme face à tous les partis politiques du pays, vous détestiez les banlieusards. Quand vous vous emportiez en parlant, vous donniez toujours des claques sur l'épaule de votre interlocuteur et quand tu faisais ça avec moi, je me renfrognais, je ne voulais pas être ton pote.

C'est peut-être la coke qui a fait durer notre histoire. On avait tous les deux besoin de l'autre à ses côtés pour traverser la panique du petit matin qui avait toujours lieu chez toi parce que tu avais Internet haute vitesse. Pour finir la nuit on faisait souvent des recherches sur le Net, une fois on est tombés sur des commentaires de mon livre faits par mes anciens clients et par la suite on ne les a jamais retrouvés, ils avaient peut-être été archivés en un lieu inaccessible, même à ta main experte. De toute façon les fenêtres immenses de mon appartement qui donnaient plein sud laissaient passer la lumière du soleil levant qui nous attaquait dans nos petites activités et qui profitait de notre vulnérabilité en nous montrant à nous-mêmes, tu disais que le jour naissant éclairait trop brutalement les tics de la mâchoire qui nous défiguraient et notre façon de ramper pour suivre la ligne de coke à se mettre dans le nez, tu disais que la lumière nous rendait encore plus veules qu'on l'était.

Souvent nos fins de soirée étaient terribles, qu'on soit chez toi dans l'obscurité de ta chambre n'y changeait rien. On se maudissait, on se tenait des discours de bonne conduite pour les années à venir et pour se convaincre il nous fallait plus de coke, ton dealer assurait la livraison sur le Plateau jusqu'à six heures du matin. D'être enchaînés à nos petits sacs dont on léchait le fond en se tenant du coin de l'œil nous faisait craindre le pire de la pente descendante vers un monde de parasites, on était dignes de mépris en face des murs de ta chambre qui se désolaient pour nous. Chaque fois on se disait que ce serait la dernière et chaque fois on évoquait la dernière fois où on s'était dit que ce serait la dernière et devant la preuve répétée de notre faiblesse on baissait les bras, on prenait encore plus de coke.

*
* *

On a vite pris l'habitude de notre laideur dans l'aube des samedis sans que le plaisir d'être ensemble en soit diminué, on savait que le bonheur nous attendait au réveil les samedis après-midi, de l'autre côté de la descente. Les déboires des vendredis trouvaient leur solution les lendemains après-midi dans la chaleur de l'été et dans nos baises successives qui crachaient le mal hors de nos systèmes. La crasse de la veille nous sortait par ta queue, l'amour nous désinfectait et les dimanches suivants, tout avait été oublié.

Au début j'avais peur que tes caresses réveillent mes automatismes de sucer et de branler pour faire jouir au plus vite avant de ramasser l'argent. J'avais peur aussi de te quitter dans les longueurs pour retrouver sous mes paupières fermées les aurores boréales en réserve qui me servaient à recouvrir la face de mes clients quand ils me collaient de trop près, j'avais peur de t'effrayer avec mes réflexes d'usine, j'avais peur d'être restée une pute. Je n'avais pas encore compris que tu avais également tes années de labeur derrière toi, que tu avais acquis ton expérience des femmes dans la pornographie et que pour toi le plaisir s'était lié à l'absence. Toi et moi on partageait les mêmes codes du marché, on ne connaissait que la misère et pourtant on s'en sortait pas mal, pendant un temps on s'est fait l'amour. Souvent la nuit on se séparait à notre insu et quand on se réveillait seul dans son coin du lit, on se raccrochait à l'autre, il nous semblait que pris séparément on ne valait pas grand-chose.

Peut-être que Martine, ta colocataire, a fini par être incommodée par nos excès des fins de semaine, elle qui se trouvait toujours dans sa chambre en face de la tienne. Martine ne se droguait pas vraiment, elle fumait du cannabis, elle et moi on s'aimait bien. Je l'ai eue de mon côté jusqu'à ce que je trouve des photos d'elle en tenue de soirée dans ton ordinateur. Tu l'avais photographiée avant qu'elle ne parte splendidement habillée à son gala où l'une de ses sculptures en verre était exposée, tu voulais Martine en souvenir et pour ça tu lui avais donné un fichier qui portait son prénom. D'habitude elle était peu féminine, elle ne se maquillait pas toujours. Pour vivre elle soufflait du verre et les femmes artisans n'étaient pas ton genre, dans les femmes tu aimais plutôt le glamour. Tu l'avais photographiée parce que du garçon manqué elle était passée à la femme fatale. Sur les photos se voyait l'effet chatte d'ombres à paupières très foncées et ses formes moulées dans le satin noir d'une robe décolletée éclataient, sur l'une d'elles elle sortait la langue comme pour se la passer sur les lèvres, les bras levés au-dessus de la tête. À partir de ce jour-là elle a changé de classe pour moi aussi, elle est devenue une femme dangereuse.

Les dimanches matin on était complètement réta-
blis des nuits du vendredi et le soleil de juillet en a été
le témoin, lui qui a suivi nos promenades en roller
blades où on traversait les routes pavées du Vieux
Montréal et où ton brun a bruni et mon blond rougi. Si
j'avais été maladroite sur mes roues, tu aurais pu me
tenir la main. Les dimanches soir étaient les seuls
soirs de la semaine où on se retrouvait chez moi, dans
mon trois pièces au grand cachet, disais-tu, à cause
de ses murs en pierres et de ses hauts plafonds. Tu
disais aussi que mon appartement était conçu pour la
productivité, par là tu voulais dire que mon système
informatique qui ne voguait pas à haute vitesse te
décourageait et t'incitait à dormir tôt pour mieux
affronter le travail qui t'attendait les lundis matin.
Quand on rentrait les dimanches après-midi de nos
promenades au grand air, on n'avait pas la force de
sortir le soir pour un verre, on regardait la télé cou-
chés sur mon sofa puis on baisait. Pour une fois, on
était satisfaits, on était complètement vides. Souvent
tu t'endormais sur moi et je n'osais pas te réveiller,
dans ton sommeil, tu t'imposais toujours, tu gardais le
dessus.

Sur le plan de la baise c'est toujours toi qui prenais
l'initiative, qui toujours choisissais le moment propice,
sans doute en fonction de tes érections. Une fin d'après-
midi où on regardait *Les Simpson* à la télé, j'ai remonté
les pans de ta chemise sur ta poitrine sans que tu me
le demandes et devant mes mains qui cherchaient en
tremblant la façon de déboutonner ton pantalon, j'ai
préféré mettre un doigt dans ton nombril pour te chatouiller. Je suppose que ça a été une façon de te passer

le flambeau, de t'indiquer le chemin à prendre vers moi, c'est d'ailleurs devenu un classique entre nous, mon signal de départ. Dans ton nombril il y avait toujours de la mousse et pas dans le mien, on a convenu que c'était un produit de la testostérone et que ta mousse de nombril annonçait une calvitie, que plus elle abonderait par là moins tu aurais de cheveux sur le crâne.

Chez toi on s'affalait partout et même dans les pièces communes comme le salon. Quand ta colocataire Martine nous trouvait sur le sofa par exemple, elle avait un mouvement de recul, notre amour la saisissait. Je me souviens qu'elle faisait la collection de tout et de rien et que dans sa chambre se trouvaient des centaines de poupées Barbie restées dans leur boîte rose ; les Barbie avaient toutes les couleurs de cheveux et portaient tous les types de vêtements mais leurs corps restaient le même d'une boîte à l'autre, taillés selon le modèle des jambes à faire perdre la tête et de la minceur préadolescente, je suis certaine que l'idée du clonage est sortie de l'industrie des poupées. Un jour elle m'a dit que j'avais moi-même l'air d'une poupée Barbie, puis un jour de la semaine suivante, elle a voulu mouler mon corps avec des bandes de plâtre pour en faire une robe en verre. Martine était une artiste, elle avait de la vision.

Je me suis souvent demandé si elle croyait que je simulais le plaisir quand on baisait, et je me suis demandé si, quand je n'étais pas là, elle se faisait jouir à grand bruit dans sa chambre avec son doigt pour t'impressionner. Un jour tu m'as avoué qu'en mon absence elle m'appelait minette avec affection, elle disait ta minette va-t-elle venir ce soir et ta minette est-elle toujours fâchée et dans sa façon de le dire tu as juré qu'il n'y avait pas de mépris, que Martine était une fille gentille. Moi j'ai toujours soupçonné le contraire, j'ai toujours dit que la gentillesse des femmes était un point de vue d'hommes, que les femmes ne s'attaquaient jamais de front et que la rivalité pouvait très bien se jouer sur le plan vocal, que jouir dans la puissance de sa voix équivalait à avoir une grosse queue et que devant l'impossibilité d'enterrer celle qui crie les femmes devaient battre en retraite. Pour marquer mon territoire dans le sien, j'ai crié plus qu'il ne l'aurait fallu et j'ai fini par éveiller tes soupçons. Une fois elle m'a surprise en train de fouiller dans ses affaires où je cherchais je ne sais plus quoi, des preuves qui vous mettaient en lien sans doute. Depuis ce jour-là elle m'a crue folle, on ne s'est plus jamais retrouvées seules dans une même pièce.

Quelquefois j'ai senti que pendant les fins de soirée des vendredis, tu aurais souhaité te branler sur tes photos de chattes pour te calmer, mais que par amour pour moi tu ne le faisais pas. Quand on prenait de la coke, on n'avait pas envie de se toucher mais on se voulait quand même. À la toute fin tu y allais franchement, tu me demandais d'aller dans le salon parce que ma présence te gênait, tu avais besoin de chaque morceau de ton espace vital pour grimacer sans que plombe sur toi la lumière du jour ou le regard d'une copine, tu avais besoin de me penser loin de toi pour t'arracher du plaisir. Une fois j'ai écouté tes bruits derrière ta porte, j'ai pensé te tuer avec un couteau de cuisine. En faisant ta connaissance je me suis découvert une nouvelle considération pour mes anciens clients : ils me faisaient participer.

*

* *

La fin a commencé trois ou quatre mois après Nova. Elle a commencé quand ton ex Nadine est revenue dans ta vie et quand j'ai reçu de toi un premier élan d'exaspération où tu as menacé de me quitter. Elle a commencé quand j'ai commencé à avoir peur, quand j'ai compris à quel point tu étais le plus fort. Il paraît que personne n'y échappe, il paraît que le couple répond à des lois absolues auxquelles Dieu lui-même ne peut rien, mon grand-père a dit un jour que le Mal venait de l'impondérable dans l'œuvre de Dieu, aujourd'hui je sais qu'il parlait de l'amour.

Quand tu m'as quittée, tu as dit avoir senti ma peur et que de la sentir t'a fait perdre le fil de notre histoire. Pour toi, avoir peur voulait dire souffrir devant l'hypothétique, ça voulait dire n'être pas à la hauteur de la vie, ça voulait dire plier l'échine avant le temps et mettre sur pied son propre malheur. Aussi loin que tes souvenirs te portaient, ta mère n'avait jamais eu peur de rien parce qu'elle ne croyait qu'aux faits accomplis. Elle ne souffrait pas comme moi de lubies, elle n'était pas non plus alarmiste comme mon grand-père, d'ailleurs elle a attendu le jour de ton départ pour le Québec pour l'annoncer à ton père, pour elle, c'était au jour le jour. Avec ma peur est arrivé le doute sur ma solidité, tu cherchais une femme à toute épreuve, tu cherchais ton correspondant mental qui était fait de nerfs confiants à l'abri des crises, tu cherchais un homme.

Un soir où Josée est sortie avec nous, elle a refusé les cigarettes que je lui offrais parce qu'elle se croyait enceinte de quelques semaines. Elle voulait passer un second test avant de l'annoncer à son copain dont elle redoutait la réaction parce qu'il supportait déjà mal de vivre avec elle en appartement. Toute la soirée elle s'est tenu le ventre avec une main ou parfois deux, à ce stade les enfants viennent sous la forme de crampes. Il paraît que les femmes attentives peuvent faire la différence entre l'arrivée des règles et le travail de l'œuf qui cherche à s'accrocher aux parois de l'utérus, il paraît que les femmes attentives peuvent savoir de quel côté de l'utérus l'ovule prend racine, il paraît aussi que dans certains cas d'extrême attention les femmes peuvent visualiser la scène à l'intérieur de leur ventre qui peut alors prendre l'aspect d'un vaisseau spatial où les choses se passent en apesanteur.

Quand on est rentrés ce soir-là on s'est disputés, je voulais savoir si un jour tu voudrais un enfant de moi, et toi tu voulais savoir si un jour je n'aurais pas le culot de te faire un enfant dans le dos. Tu as dit que, pour les hommes de ta génération, le potentiel des femmes à négocier seules la reproduction était un cauchemar parce qu'il pouvait hypothéquer un début de carrière, tu as dit que Josée était probablement une traîtresse, qu'elle avait dû machiner. Ce soir-là je t'ai répondu que par égocentrisme les hommes transformaient des désirs légitimes en mauvaises intentions à leur égard, que les hommes avaient le don de se croire à l'origine du moindre battement de cils des femmes, que de toute façon la culture avait depuis toujours déclaré les femmes physiquement construites pour ce genre d'actions, avoir des bébés et pleurer le départ de leurs hommes sur les quais des gares. Je t'ai dit que si avoir des enfants te paraissait puéril, c'était peut-être parce que les poupons ressemblaient trop à de petits chiots qui, eux, ressemblaient trop à celui pour qui ta mère t'avait abandonné. Je t'ai dit que les quatre millions d'années d'évolution qu'avait nécessités la venue de l'individualisme n'avaient rien à faire des histoires tragiques des fils abandonnés par leur mère. On s'est disputés pour la première fois et pour la première fois j'ai pleuré. Peu à peu depuis ce soir-là, tu as compris que mes larmes étaient ta punition, ce soir-là je t'ai appris que la souffrance pouvait être une arme. En me voyant pleurer, tu as posé la tête sur mon ventre et j'ai supposé que ce geste faisait de toi un père. Trois mois plus tard, j'étais enceinte de toi.

Depuis le début tout était joué d'avance, va savoir pourquoi j'ai arrêté la pilule devant l'imminence de ton départ et pourquoi je suis aussitôt tombée enceinte. Va savoir pourquoi les femmes sont capables de procréer dans l'agonie, d'ailleurs pour moi il n'y a jamais eu de descendance prévue, depuis le temps que ma tante me fait les tarots ça se saurait. De plus mon grand-père a toujours dit que je faisais partie de la dernière génération après quoi il n'y aurait plus de pères ni de mères ni même d'enfants, il disait que l'apocalypse allait d'abord s'attaquer à la reproduction en faisant pousser la vie dans l'exactitude des laboratoires et que parallèlement à la propagation de la vie sans tares calculée dans ses couleurs d'yeux et de cheveux, de masse musculaire et de QI, tout le monde coucherait avec tout le monde sous n'importe quel prétexte comme l'argent ou encore la gymnastique et parfois même sans en avoir aucun.

En sentant venir ton départ, j'ai voulu faire quelque chose et j'ai fait un enfant, à ce moment il me restait quatre mois à vivre. Cet enfant je l'ai fait sans y croire vraiment, trop d'obstacles devaient être surmontés pour parvenir à une éclosion, aujourd'hui je suis toujours étonnée que la vie ait pu germer au milieu de nos habitudes d'alcool et de drogue et surtout de tes manies de décharger sur mon visage. Je suppose que dans un moment d'inattention tu as dû te vider dans ma chatte au moins une fois. Je me demande si le besoin de voir son sperme a un lien avec le besoin de voir sa morve à l'intérieur des mouchoirs ou encore sa merde avant de vider la cuvette.

Je ne suis pas certaine que l'enfant soit mort pendant l'avortement. Il faut dire qu'à la fin de notre histoire je buvais tant d'alcool et je prenais tant de calmants qu'il est fort probable que dans la combinaison l'enfant ait définitivement coulé dans son petit sac avant qu'on le décroche de moi. Il me semble d'ailleurs que le médecin a discuté un peu trop longtemps avec les infirmières après l'intervention dans la petite pièce d'à côté avant de venir me chercher, elle a peut-être vu une anomalie dans les décombres. Peut-être aussi qu'au moment de l'extraction elle n'a pas senti au bout de son instrument le battement habituel de la vie qui veut échapper à la mort et qu'elle s'est demandé si son rôle l'engageait à me prévenir des problèmes rencontrés par mon système reproducteur. Elle a peut-être hésité à m'annoncer que des examens plus approfondis s'imposaient pour s'assurer que mon utérus ne possède pas les propriétés d'une plante carnivore. Quand ma mère était enceinte de moi par exemple, il paraît que son médecin a découvert un fibrome de deux kilogrammes qui écrasait sa matrice, entre moi et lui il a dû y avoir une bataille.

Pour me faire avorter j'ai attendu la toute dernière

minute légale, je suppose que ça a été une façon de te retenir le plus longtemps possible après ton départ, sans le savoir tu as eu encore le pied chez moi pendant trois mois. Je suppose aussi que depuis le début des temps les femmes ont usé de cette capacité redoutable de rendre les pères et les bébés interchangeables, et c'est peut-être en vertu de cette capacité que bien souvent elles se désintéressent des pères une fois les bébés mis au monde. Pour la première fois entre nous tu étais le plus petit, pour la première fois je te surplombais avec de mauvaises intentions. C'est moi qui désormais étais en mesure de voir le dessus de ta tête, certes tu ne pourrais pas t'échapper parce que de cette cage c'est moi qui avais la clé.

Pendant le troisième mois j'ai beaucoup hésité. Dans l'ennui qu'était devenue ma vie depuis ton départ, je voulais créer du suspense, sans doute que je voulais me réserver une bonne surprise, qui sait si le temps passant le bébé ne me déchargerait pas de ton poids. Durant ces trois mois ce n'est jamais arrivé, en aucun moment tu t'es retiré de moi, c'est peut-être tout simplement parce que tu ne savais rien de ce qui était en train de m'arriver, on dit souvent que l'aveu soulage. Pourtant jusqu'à ce jour je ne l'ai pas senti en écrivant cette lettre, c'est peut-être parce qu'elle ne s'adresse pas vraiment à toi.

Pendant ce troisième mois j'ai d'abord pensé que le bébé et moi on pourrait se sauver mutuellement la vie, qu'en ayant tous les deux la corde au cou on établirait entre nous un pari d'endurance.

Ensuite j'ai eu peur de tout, j'ai eu peur qu'il soit comme toi, qu'en naissant le bébé ait déjà un passé rempli d'autres femmes. Il me semblait que l'enfant te ressemblait déjà et que même coincé entre les parois de mon ventre il avait déjà ton indépendance, qu'à la limite il se fabriquerait tout seul avec cette force d'affirmation venue de tes ancêtres, qu'il m'imposerait son rythme en me martelant le ventre pour que je lui envoie mes repas et qu'à la sortie il se désintéresserait aussitôt de moi. Il me semblait qu'en venant de toi cet enfant me quitterait.

Puis j'ai eu peur qu'au contraire il me ressemble, qu'il soit comme moi sans avenir, que lassé de lui-même il finisse par te chercher pour tomber sur ta grandeur démesurée capable de le renier. Aussi j'ai eu peur que ton étreinte conservée intacte dans le cœur de sa mère l'amenuise pour toujours, j'ai eu peur qu'en plus de ton nom je lui donne ton prénom.

Puis finalement j'ai eu peur qu'il ne ressemble à rien du tout, qu'il ne soit déjà mort de chagrin avant terme, il paraît que les enfants se laissent mourir de faim dans le ventre des mères abandonnées et incapables de sortir de leur état de choc, qu'ils rompent avec elles toute communication en arrachant le cordon ombilical avec leurs propres mains comme les chevaux se coupent les veines avec leurs dents au milieu d'une excitation trop violente, il paraît que les enfants aiment leur mère à ce point-là.

Avant l'opération on m'a prévenue que le contenu de l'utérus ne pouvait pas m'être rendu. On m'a dit que certaines femmes le réclamaient pour pratiquer des rites spéciaux pour enfants morts avant la naissance mais que ce n'était pas admis par les lois. On m'a dit que ces femmes avaient créé une cérémonie religieuse pour avorton non prévue par l'Église, je me suis demandé si certaines avaient déjà tenté de brûler le tout pour en garder les cendres. Il paraît qu'à ce stade le bébé se présente sous la forme d'une petite ouate blanche, je me demande s'il est possible de la retirer de son bain de sang pour la faire sécher entre les pages d'un livre comme une feuille d'automne. Quand j'étais petite, je faisais des signets avec des hosties de messe non avalées et quand mon grand-père l'a su il s'est emporté ; les poings serrés il a affirmé que c'était non seulement de la profanation mais du gaspillage honteux, que partout dans le monde agonisaient des enfants affamés de la présence du Christ dans leur cœur.

Avant de m'emmener à la salle d'opération, on m'a posé des questions, on voulait savoir si j'étais consciente de mon choix. J'ai répondu que pour certaines personnes comme moi la question du choix à faire ne se posait pas parce qu'elles étaient tout simplement guidées par la voix du néant et en guise de réponse on a gardé le silence.

Sur la table d'opération j'ai eu un moment de panique parce que le médecin chargé de m'avorter était indienne et qu'elle était plus jeune que moi, qui sait si elle n'avait pas ses propres méthodes non adaptées aux utérus de Blanches... Aux Indes il y a surpopulation chez les vivants comme chez les morts, il paraît que les Indiens ont tous un pied dans la tombe, que partout on naît et on meurt de façon excessive mais aussi le plus naturellement du monde, que tout le monde est pris dans la grande roue de la réincarnation. Quand le médecin a recouvert sa bouche et son nez d'un petit masque blanc, j'ai pensé aux milliers de cadavres qui filaient dans les courants du Gange, créant parfois des bouchons. Quand elle s'est approchée je me suis souvenue de la brutalité des clients indiens, et quand elle a plongé en moi son spéculum, une crampe partie du ventre jusqu'aux pieds m'a forcée à me relever sur les coudes. À ce moment j'ai demandé une deuxième dose de morphine et on m'a répondu qu'il fallait attendre un peu pour voir, que l'opération n'était pas encore amorcée, à quoi j'ai rétorqué que mon habitude des fortes doses de drogue m'avait endurcie au point de ne pas pouvoir en sentir pleinement l'effet et pour en finir au plus vite on m'a obéi. À ce moment aussi j'ai bien failli demander à ce qu'on arrête les procédures et je crois savoir pourquoi, c'était l'âge du médecin qui ne m'allait pas, qu'avec ses vingt-six ou vingt-sept ans elle pourrait être ma petite sœur et que, devant les petites sœurs, on devait rester grande, on devait montrer l'exemple en restant digne. Il me semblait que tout ça était peut-être un signe du caractère exceptionnel de l'enfant, après tout ce médecin pouvait être une reine mage.

Pendant l'opération j'ai attendu la douleur mais elle n'est pas venue. J'ai cru que l'appareil ferait un bruit de ferraille et que j'entendrais la succion de l'enfant engagé dans le boyau chirurgical mais non, rien du tout, pas même un petit vrombissement. J'ai cru que j'allais pleurer mais je n'en ai pas eu l'envie, la morphine m'a mise dans l'erreur. Dès l'opération terminée, l'Indienne est sortie et je ne l'ai plus revue, elle a peut-être senti qu'elle me faisait peur.

Avant que je parte de la clinique, l'une des infirmières

a voulu savoir si je me sentais bien et quand j'ai dit oui elle a reposé la question, elle voulait savoir si je me sentais bien non pas là tout de suite mais en général, elle s'inquiétait que personne ne m'ait accompagnée et que je retourne seule chez moi. Elle croyait peut-être que m'en allant ainsi le bébé en moins je ne sois un peu trop livrée à moi-même, peut-être qu'elle avait peur que je me perde dans le vide soudain, comme ton père dans la visite du cosmos.

Je suis rentrée chez moi en taxi et comme d'habitude j'ai posé mon téléphone près du lit pour ne pas manquer d'appels. Comme d'habitude j'ai attendu que tu téléphones alors que je t'avais demandé, le jour où tu m'as quittée, de ne jamais le faire. Peut-être qu'à ce moment j'ai cru que mon interdiction te semblerait suspecte et qu'elle t'apparaîtrait comme un signal d'alarme, une façon de te rappeler ton devoir de me tenir à l'œil. Peut-être que j'ai cru qu'entre nous la connexion était suffisamment solide pour que tu sentes, à l'autre bout du plateau Mont-Royal, que ce jour-là je venais de te perdre une deuxième fois.

Je me demande ce que tu aurais dit si tu avais su que j'étais enceinte de toi au mois de mars dernier. Si ta voix aurait pris une intonation différente, si elle se serait davantage francisée, si entre nous tu aurais installé une distance, ou si dans ton malaise tu aurais bredouillé comme tu le faisais quelquefois devant des hommes d'autorité. Faire un bébé à une femme qu'on n'aime plus ressemble à de l'impuissance chez les hommes, on n'en parle pas, on tient ça mort. D'ailleurs un rien te rendait mal à l'aise, comme les enfants trop cavaliers qui vous fixent à n'en plus finir dans le métro par exemple ou encore les chiens qui vous lèchent au passage l'entrejambe alors que vous marchez dans la rue. Un jour tu m'as dit qu'en manquant de gêne les enfants te gênaient et que de ta vie tu n'en avais jamais pris un sur tes genoux. Mon premier livre t'avait rendu mal à l'aise parce qu'il en disait trop long et qu'il partait du ventre et devant les gens qui pleuraient en public, tu étais mal à l'aise aussi. Dans la vie ton malaise était tel que tu en parlais tout le temps, souvent tu disais admirer les Québécois pour leur sans-gêne, leur aisance dans les situations délicates, tu les trouvais sans prétention et spontanés. Dans ta mythologie de Français, les Québécois étaient beaucoup plus près des instincts et de la terre et ne s'embarrassaient pas avec les manières, les Québécois avaient une mentalité de village et vivaient à la bonne franquette, mais les femmes tombaient facilement pour les Français parce que derrière leur sauvagerie elles rêvaient d'élévation sociale.

Avant de quitter la clinique d'avortement, on m'a dit que des saignements allaient survenir dans les deux ou trois prochains jours. Par saignements, on entendait l'évacuation des restes qui n'avaient pas été décollés pendant l'intervention et j'ai imaginé que le bébé pouvait s'y trouver encore ; il paraît que dans le passé il y a eu des cas de victoire de fœtus opiniâtres restés accrochés aux mères et que dans tous les cas ces fœtus sont allés loin dans la vie, ils ont atteint les plus grandes réussites. Face aux avortements massifs de l'Occident, les fœtus occidentaux avaient peut-être développé une technique de camouflage dans le ventre des mères, ils prenaient peut-être une forme non détectable par la technologie et se mettaient peut-être hors du champ d'action des médecins. Selon la science, même les organismes les plus primaires ont une intelligence pour survivre, ils produisent les efforts nécessaires pour s'adapter aux environnements les plus hostiles, je me demande si malgré moi je survivrai dans un monde sans toi.

À la clinique j'ai posé quelques questions, j'ai voulu savoir pourquoi on ne saignait pas immédiatement après un avortement, il me semblait que les blessures ne devaient pas mettre si longtemps à faire mal. On m'a laissée entendre qu'entre le corps et l'âme il y avait une sorte de décalage dû au choc provoqué par les interventions du monde extérieur et que dans ce cas précis c'était l'utérus qui comprenait trois jours trop tard qu'il n'y avait plus rien à nourrir, qui baissait les bras pour tout laisser tomber. On m'a dit qu'en tenant à la vie le corps n'allait pas toujours dans le même sens que nous. Pendant quelques semaines il y aurait en moi des poussées désordonnées d'hormones suite à la disparition inopinée du bébé, mon corps se désemparerait sous le coup de la douleur, il agirait n'importe comment et se laisserait aller, il congédierait tout le monde. Il lui faudrait du temps avant d'accepter les faits et pour cette raison je devrais en prendre bien soin avec des cachets contre la douleur et des bouillottes d'eau chaude. À ce moment j'ai dit que je comprenais parce que des erreurs de perception dues à ma résistance étaient déjà survenues dans le passé. Par exemple pendant les semaines qui ont suivi ton départ, je me réveillais la nuit en me croyant chez toi, je te cherchais du bras dans le lit et le souvenir de ton absence me gardait éveillée jusqu'au matin. Souvent je me débattais avec les draps et prenais ton côté du lit, une fois j'ai même levé les bras au ciel en pleurant qu'on me prenne. Entre moi et la réalité il y avait une grande différence d'âge.

En me raccompagnant à la porte de la clinique, on m'a dit de ne pas m'inquiéter parce que les restes n'étaient ni plus ni moins des règles, seulement ils auraient une charge émotive et me pèseraient peut-être sur la conscience. Pendant trois jours, chez moi, j'ai attendu ces restes, j'ai attendu trois jours et comme prévu ils sont arrivés. Dans la solitude qu'était devenue ma vie, j'ai pris ça pour de la visite, pour moi ça a été une sorte de compagnie, il faut dire que de mon côté notre histoire continuait de se terminer au quotidien. Chez moi je te parlais toute seule à voix haute, entre autres choses je te reprochais ta bouderie. Je me demande si un jour cette histoire prendra fin et si, quand je mourrai, je ne risquerai pas de rester collée à ses lieux. Dans tous les films de fantômes on affirme que les fantômes cherchent à en finir avec leur vie non réglée, qu'ils ont le sens de la justice terrestre même dans l'au-delà. Si j'en suis capable, je reviendrai dans ta chambre pour te faire payer, j'effrayerai toutes les femmes qui y passeront et je m'imposerai dans tes pensées en trafiquant leurs avenues, en reconstruisant leurs réseaux de sorte qu'ils mènent tous à ma propre mémoire, tu regretteras d'être né.

Quand j'ai senti ce soir-là de lourdes crampes faire tomber de petites masses noires entre mes jambes, je me trouvais devant la télévision. Je regardais un épisode de *X-Files* où les agents Mulder et Scully montaient à bord d'un navire fantôme qui datait de la deuxième guerre et où tous les passagers étaient pourtant morts depuis des millénaires. Une fois sur le navire, Scully et Mulder avaient vieilli de cent ans en un seul jour, si on ne les avait pas retrouvés le lendemain, ils seraient morts prématurément de vieillesse. En fouillant dans le cahier de bord du capitaine, ils avaient compris, dans le calme qu'imposaient leurs fonctions, que le navire avait fait naufrage dans une zone du globe jamais répertoriée par les géographes, un genre de trou noir au cœur de l'Atlantique. Au milieu de nulle part, Scully et Mulder avaient dû admettre que la Terre portait un continent noir interdit aux hommes, ensuite pour se l'expliquer ils avaient fait des calculs et sorti des noms de particules ; pour eux, le monde était pensable en termes d'éléments armés pour détruire quiconque pouvant étaler au grand jour leurs secrets, la matière pouvait être malveillante par autodéfense.

Pour la première fois de ma vie j'ai eu envie de conserver quelque chose qui était sorti de moi. Il paraît que les femmes désespérées d'avoir perdu leur bébé se rabattent sur des animaux domestiques ou même sur des poupées, que parfois elles vont jusqu'à les promener en landau dans les parcs et à entretenir les étrangers des ressemblances avec le père.

Ce soir-là je pensais tellement à toi que j'ai failli t'appeler, je me suis demandé ce que je t'aurais dit et ce que tu aurais répondu. Je me suis demandé si tu ne serais pas venu chez moi pour faire tes adieux à une part de toi, ensuite je me suis souvenue que tu n'aimais pas les adieux parce qu'ils pouvaient trop facilement se changer en scènes, qu'ils pouvaient déborder en larmes, en drames où des témoins extérieurs pourraient entrer. À ce moment il m'a semblé que ton besoin de contenance te venait de ton père qui voyait dans la distance des étoiles entre elles un signe de noblesse ; ton père voyait dans leur réalité inabordable la condition première de leur adoration. Un soir il a déclaré en plein dîner que l'univers se composait essentiellement de matière sombre se dérobant même aux télescopes de la NASA et que la Voie lactée prenait deux cents millions d'années pour effectuer sa rotation, à la suite de quoi il y a eu un silence glacé autour de la table.

Quand les restes sont arrivés, je me suis agenouillée en remontant ma robe de chambre sur mes hanches. J'ai placé sous moi un pot en verre pendant plus de deux heures pour tout récolter. De ma vie, je n'avais jamais tenu autant à un déchet. La dernière fois que j'avais eu ce genre de comportement, ce devait être pendant mon enfance, quand j'avais conservé pendant des mois au fond d'un congélateur un oiseau trouvé mort dans la cour de mon école primaire. Je me souviens que ma mère avait fini par le trouver et qu'avec l'oiseau couvert du blanc du frimas elle avait jeté la totalité du contenu du congélateur pour ensuite me prévenir qu'on avait tort de s'attendrir sur les oiseaux puisqu'ils étaient vecteurs de microbes ; ma mère se méfiait des belles choses, pour elle la beauté était un écran de fumée derrière lequel se trouvait toujours un opportuniste ou, pire, un prédateur. D'ailleurs quand

elle t'a vu pour la première fois elle a eu un mouvement de recul devant ta beauté qui bousculait les gens
partout où tu allais, à cause de ça elle ne t'a jamais
porté dans son cœur.

Après deux heures passées sur mon pot en verre ce
soir-là, j'ai considéré que le travail avait été fait et je l'ai
refermé d'un couvercle. À première vue on aurait pu
croire à de la confiture de cassis ou de cerises, mais en
regardant de près, ça ne ressemblait à rien de connu.
D'instinct on pouvait savoir que c'était du côté de la
viande, par la texture on savait aussi que ça faisandait,
en secouant très fort, ça faisait un sale bruit, ça avait
le poids des corps morts. J'ai laissé ce soir-là venir les
larmes qui n'étaient pas venues à la clinique ; quand
on est une femme trop soucieuse de son apparence, les
larmes ne soulagent pas, elles défigurent. Devant le pot
je n'ai bientôt plus su quoi faire, en tous les cas je n'ai
pas prié, les gens qui prient sont des prétentieux, ils se
croient intéressants. De toute façon il ne sert à rien
aux hommes de prier puisque la Vierge Marie le fait
pour eux, dans la prière on dit bien sainte Marie Mère
de Dieu, priez pour nous pauvres pécheurs. Quand
j'étais petite, il est possible qu'en priant trop pour moi
mon grand-père ait inversé les bienfaits de ses prières,
qu'il ait épuisé le ciel et que par exaspération on m'ait
jeté un sort de là-haut, il est possible que ce soit à
cause de lui si tu es venu à moi.

Ce soir-là la quantité de sang dans le pot m'a
étonnée. Pour moi, c'était le signe d'une fertilité qui
n'avait rien à faire de mes drames intérieurs et ça m'a
troublée, il me semblait que la vie devait se plier à mes
ordres, qu'elle devait se mettre en lien avec mes états

d'âme. Un jour ma tante m'a dit que si on ne voyait pas mon avenir dans ses tarots, c'était peut-être parce que je n'avais rien à voir avec lui, que par une aberration de la nature on suivait des chemins différents, par là elle voulait peut-être dire que mon avenir se réaliserait sans moi.

Pour te choquer, j'ai pensé te poster le pot. Par exemple certains tueurs envoient par la poste des doigts coupés, des oreilles ou encore des carcasses de rats pour informer leurs prochaines cibles que l'erreur fatale qu'elles ont commise a été relevée et que leur tour va bientôt arriver. Il paraît que parfois ça fait basculer les futures victimes à l'avance et qu'elles préfèrent faire le travail elles-mêmes, qu'elles se tuent par balle par exemple ; dans ces cas-là la menace est une forme de vaudou car elle contient son exécution, les meurtriers en gardent les mains propres. Ce soir-là, j'ai commencé à te haïr et jusqu'à ce jour cette haine est restée la même. La haine est une composante stable, parfois entre les peuples elle traverse les siècles en ne perdant rien de sa force et quand elle enserre géographiquement l'ennemi, elle exerce une telle pression sur lui qu'il s'effondre sur lui-même pour ensuite exploser comme les supernovæ.

Devant le pot en verre il me semblait que l'avortement avait donné des fruits et que le bébé avait peut-être repoussé. Dans le rouge du sang j'ai donc cherché une tache blanche, pour ça j'ai dû vider le pot sur une large planche à pain et fouiller dedans. La petite ouate n'y était pas mais il y avait tout de même un peu du tien, cette substance était tout de même celle qui s'était resserrée autour de ta décharge, d'ailleurs c'est sans doute pour ça qu'elle abondait, tes gènes l'avaient réclamée. Il me semblait aussi qu'à la clinique on m'avait menti, que ce sang n'était pas du sang de règles mais de la vraie chair, d'ailleurs en y pensant aujourd'hui, je trouve que ça ressemblait à de la moelle d'os. Si j'avais été un peu plus folle, je l'aurais mangée.

Ce soir-là j'ai compris beaucoup de choses, par exemple que l'âme n'existait pas et que les hommes se racontaient beaucoup d'histoires pour rester debout devant la mort. Avant on payait d'avance pour sa place au paradis alors qu'aujourd'hui on prévoit sa congélation pour ensuite attendre le jour de sa résurrection. Si la vie avait existé au-delà de la mort, dehors le vent aurait hurlé le jour de l'avortement et les ampoules de mon trois pièces auraient éclaté pour recouvrir de noirceur le sacrilège qui venait d'être commis, les portes se seraient ouvertes pour se refermer en claquant et le contenu des placards se serait vidé de lui-même. Venant de toi l'âme du bébé aurait fait plier la matière du monde et m'aurait fait entendre ta voix.

J'ai fait ce soir-là comme les petits enfants devant leurs gâteaux d'anniversaire, je m'en suis mis plein les mains et avec mes doigts j'ai fait des dessins sur la planche, j'ai fait des tic tac toe, j'ai joué au pendu. Si mon grand-père m'avait vue, il en serait mort une deuxième fois.

*
* *

Mon grand-père disait qu'entre les hommes et les femmes un espace très grand avait été prévu par Dieu pour lui-même et que cet espace s'était révélé au bout du compte si vaste que, une fois passé le siècle des Lumières, il avait renoncé à l'habiter, il ne s'y retrouvait plus. Mon grand-père disait qu'au bout du compte Dieu avait réalisé le tour de force d'être dépassé par ses propres événements et que c'était pour cette raison qu'il avait ensuite donné aux hommes les moyens nucléaires de s'exterminer. Mon grand-père disait aussi que les millions d'années d'humanité, depuis le fond des cavernes jusqu'aux sommets des plus grands gratte-ciel, n'avaient jamais résolu ce problème d'espace entre les hommes et les femmes et que, dans la volonté humaine de le rétrécir, il était plus que probable qu'un des deux sexes finisse par engloutir l'autre. Il disait que, dans l'affrontement des peuples entre eux, l'absorption de l'ennemi avait déjà été vue très souvent sous la forme première du cannibalisme et que dans un avenir rapproché le sexe opposé pourrait très bien devenir du folklore. Mon grand-père a toujours joué de prudence en évitant d'identifier le sexe fort, pour lui, on était rendu si loin dans le chaos qu'il pouvait très bien se trouver des deux côtés.

Après quelques mois seulement de grand amour, on s'est éloignés. Dans l'éloignement on n'a pas été symétriques, de mon côté je me suis accrochée. Pour rester avec toi, j'ai fait comme toi, je me suis aussi éloignée de moi, j'ai commencé à boire et le soir quand je me retrouvais seule chez moi je me faisais des reproches, je me menaçais de départ. Pendant cette période-là je n'étais plus si redoutable la nuit dans tes rêves, en fait tu ne rêvais plus du tout. Tu disais qu'en somme dans ta vie tu avais rêvé très peu, tu disais aussi que c'était pour ça que tu te réveillais toujours de mauvaise humeur. Quand le matin au réveil, tu ne pouvais pas ramener à ta conscience ce qui avait bougé dans ton esprit la nuit, tu te sentais floué ; que des informations soient perdues à jamais dans ta mémoire te déprimait.

De toute façon, pensais-tu à propos des rêves qui me concernaient au début de notre histoire, la preuve avait été faite mille fois que je ne te ferais jamais grand mal, que j'étais fondamentalement une bonne fille comme Annie. Au Bily Kun par exemple je ne parlais jamais aux étrangers et je me gardais d'accepter les verres que certains m'offraient, je te laissais décider du moment du départ et quand tu voulais aller ailleurs, je te suivais. Je suppose que ma fidélité n'avait pas pour fond l'amour mais la lâcheté. Une fois je suis partie chez moi au milieu d'une soirée au Bily Kun pour te tenir tête mais j'ai fait demi-tour en chemin, par gêne je t'ai dit quand tu m'as questionnée que j'étais partie acheter des cigarettes, d'ailleurs pour être crédible au cas où tu en voudrais une, j'en avais vraiment acheté. C'est pendant cette période-là que tu as commencé à me parler en long et en large de Nadine et de ses petites trahisons et que tu as commencé à me baiser par défaut. Je me demande si, entre ma fidélité et ma tendance à me faire remplacer par une autre, il existe un lien.

Pendant cette période-là nos sexes ont retrouvé leurs différences. On avait chacun nos théories là-dessus qu'on reprenait sans cesse pour soutenir nos engueulades et auxquelles on apportait chaque fois des variantes pour surprendre l'autre avec de nouveaux arguments, toi c'était la théorie de la testostérone et moi, celle de l'ovulation par orgasme, on peut dire que notre désillusion pesait lourd en déterminations biologiques. À cause de la testostérone, disais-tu, les hommes tromperaient leurs femmes à jamais et se feraient la guerre pour toujours. Tu disais que l'origine des plus graves problèmes de l'humanité circulait dans le sang des hommes et que faire couler le sang de leurs semblables était logiquement pour eux une tentative désespérée d'en venir à bout. Tu disais que les femmes étaient faites pour installer leur force d'inertie à travers les détonations en retenant les hommes dans leur foyer au moins pendant la nuit. Moi je plaçais les femmes dans ce qu'elles auraient dû être. Par rapport à ta théorie, la mienne était un peu faible parce que tu étais dans l'affirmation des faits et moi, dans la mythologie. Je disais que les ovules, depuis le début de la vie humaine, auraient mérité d'être expulsés par décharge, dans une grande poussée accompagnée de frissons, qui les aurait fait monter dans les trompes pour ensuite les faire voler droit dans l'utérus. Je disais qu'avoir des ovules qui circulaient de tous côtés de soi sans l'intervention de la volonté était une injustice impardonnable qui avait tracé le cours de l'histoire. Je disais que si la reproduction avait dépendu du plaisir des femmes, les femmes n'auraient eu d'autre choix que d'élargir à l'infini leur cercle d'hommes qui auraient alors vécu en se traînant à leurs pieds, les hommes auraient fondé leurs institutions par le bas et se seraient punis entre eux de leur incompétence. Je disais que, dans le branle-bas de combat pour contenter les femmes, les hommes n'auraient pas eu le temps de se faire la guerre, ils n'auraient pas cherché non plus à avoir plus d'une femme. Tu disais que dans ces conditions-là le genre humain n'aurait pas survécu, tu disais que la face cachée du système reproducteur féminin aurait dérobé trop longtemps aux hommes les mécanismes de la reproduction et que le monde aurait pris fin dès le début.

Quand on allait sur ce terrain, on finissait toujours par aboyer, on s'écœurait.

*
* *

Quand tu m'as quittée j'ai tout de suite voulu te retrouver. Pour ça je suis passée par ceux qui avaient sur toi de l'influence. J'ai vu tout de Woody Allen, ensuite j'ai lu un roman de Céline, ensuite je me suis sentie très mal. Des deux hommes, je n'ai rien retenu sinon qu'ils étaient très bavards et qu'un seul des deux aimait les femmes.

Un soir de cette période-là Josée est passée chez moi et m'a trouvée soûle devant la télévision dont j'avais coupé le son, sur l'écran il y avait Carrie Bradshow et ses trois copines qui faisaient les boutiques dans New York. Josée a tout de suite compris que je pensais à toi et que penser à toi voulait dire ne pas avoir de place pour les autres, elle a compris que tant que j'en serais là, toute seule chez moi à te donner une vie imagi- naire, elle perdrait mon amitié, d'ailleurs depuis ce soir-là, je ne l'ai plus revue. Tous mes amis, pendant cette période, se sont écartés d'eux-mêmes, ils ont senti cette solitude contre laquelle personne ne pou- vait rien parce que derrière elle il y avait toi.

Pendant ces quelque trois mois, j'ai traîné mon ridicule devant l'équipe de la Boîte Noire. Pendant ce printemps dernier qui a été le plus fleuri que Montréal ait connu depuis que j'y suis installée, je me suis terrée chez moi pour regarder la télévision du lever au coucher parce que je savais que te surprendre gambadant sur le Plateau dans une vie qui continuait sans la mienne m'aurait achevée. Cette période en fut une d'imprécations contre les murs de mon trois pièces, de cigarettes fumées à la chaîne, de bières, de télévision et de cachets pour dormir. Depuis que je suis toute petite, mes parents m'ont mise en garde contre la décadence qui traîne dans la famille. Du côté de ma mère tous les hommes sont morts alcooliques, dans la famille de ma mère, il existe un penchant certain pour la noyade.

Je suis allée à la Boîte Noire tous les jours pendant trois mois, j'ai loué toutes les télé-séries américaines populaires, j'ai vu tout *Soprano*, tout *Six Feet Under*, tout *Sex in the City*, tout *Law and Order*, j'ai vu des films que là-bas personne n'avait jamais loués. Dès le matin jusqu'au soir où je tombais d'alcool, je voyais défiler sans fin des épisodes de télé-séries dont je ne retenais rien. Pendant ces trois mois j'ai payé plus de deux cents dollars de retard sur les locations, là-bas les employés étaient morts de rire dans mon dos. Chaque fois qu'ils me voyaient arriver, les locations de la veille dans les mains, ils se tenaient entre eux du coin de l'œil ou ils souriaient les yeux par terre quand leurs collègues se trouvaient trop loin pour la complicité. Ils avaient tous leur façon de se payer ma gueule sans me faire face, à la Boîte Noire les employés ont du goût, ils aiment le cinéma de répertoire.

Toi aussi tu avais l'habitude de regarder la télé et de louer des films. Soudain je me rappelle qu'il y avait deux choses que tu ne supportais pas de voir, la science-fiction et les scènes d'amour. C'est toi-même qui me l'as dit un soir où je t'ai demandé pourquoi tu passais en accéléré les baisers dans tous les films qu'on regardait ensemble. Je ne sais pas si dans ta tête il existait un lien entre les deux.

Le printemps dernier j'ai loué les cent cinquante épisodes de *X-Files* et de ça j'ai gardé quelques souvenirs, j'ai même eu deux ou trois moments de bonheur. Par exemple il y a eu cet épisode où des gens se voyaient morts sur des portraits Polaroïd censés les représenter en train de sourire, enfin tels qu'ils étaient au moment de la photo. Ils se voyaient sur la scène du crime qu'on était sur le point de commettre et en se voyant ils savaient qu'ils allaient mourir assassinés. Sur les photos ils se découvraient étranglés, poignardés, décapités, les cheveux en bataille et les quatre membres tordus en des angles impossibles, pour la première fois de l'Histoire des gens pouvaient identifier leur propre cadavre. Dans l'enquête deux agents du FBI ont découvert que l'appareil voyageait dans le temps pour tirer de ses sujets l'image de leur dépouille quelques secondes après leur mort, que c'était un appareil qui voyait non seulement dans l'avenir, mais au-delà de la vie des gens. Je me demande si ce Polaroïd aurait devant moi la même réaction que les tarots de ma tante, je me demande si, pour moi, une mort a été prévue.

Dans *X-Files*, les agents Scully et Mulder formaient un

couple étonnant parce qu'ils ne baisaient jamais. La nature de leur métier, qui était de se battre contre les forces du mal en partance des quatre coins de l'univers, ne leur en laissait pas le temps. Ils étaient à la tête des plus grandes découvertes de tous les temps qui par malheur tombaient toujours dans les mains d'un collègue de bureau au service du camp adverse, le camp des Menteurs, des Dissimulateurs, de ceux qui croyaient en la panique généralisée du monde entier et en l'anéantissement de tout ordre sur Terre devant la révélation de la vie venue d'ailleurs. On avait l'impression que, devant le grandiose des années-lumière qu'il avait fallu aux extra-terrestres pour parvenir jusqu'à la Terre, le sexe de Scully et celui de Mulder s'étaient éteints. Perdre subitement son sexe peut être du même ordre que se réveiller un matin avec les cheveux blancs, c'est peut-être le prix à payer pour survivre aux grands chocs de l'existence.

Je me suis dit que l'indifférence devant l'autre sexe était un effet de la proximité d'une race étrangère et supérieure. Scully et Mulder ne baisaient pas parce que, face à la vie extra-terrestre, la Terre leur paraissait trop petite, soudain elle devenait plate et reculée par rapport à ce qu'il fallait d'évolution pour être du côté des conquérants. Peut-être avaient-ils secrètement entretenu le désir de se reproduire avec des créatures venues d'autres planètes pour réapparaître sous une forme meilleure. À n'en pas douter, l'instinct de reproduction devait viser un absolu, une ascension vers la perfection, qui sait si la médecine découvrira un jour que l'expansion cosmique était déjà prévue depuis le début des temps dans la chair de nos ancêtres, qui sait si, dans les grottes où ils se terraient, il y avait déjà en eux ce destin tant redouté par mon grand-père de l'étalement de la misère humaine dans l'espace.

Cette période-là je l'ai passée dans mon trois pièces au coin de la rue Saint-Denis et de la rue Sherbrooke. D'ailleurs depuis que tu m'as quittée, je n'en suis sortie que pour me faire avorter, pour aller à l'épicerie du coin ou au Cinéma L'Amour ou encore à la Boîte Noire. Quand je n'étais pas devant la télé, je me branlais. Pendant des semaines je me suis branlée pour toi sur le Net et ce n'était pas seulement par ennui, c'était pour faire la paix avec toi et du même coup avec la foule de mes anciens clients, c'était pour réintégrer le genre humain avant de m'en défaire pour de bon. Avant de mourir il valait mieux en finir avec ma rancœur de pute de peur qu'elle ne prolonge ma vie inutilement dans un esprit de vengeance, à force de vouloir faire payer les autres et d'accumuler les raisons de les faire payer, on peut vivre très longtemps. Mon grand-père qui en voulait à tout le monde et qui annonçait tous les jours de sa vie la fin du monde est mort l'an dernier à l'âge de cent un ans, c'est terrible de penser que le désir de voir le monde périr avec lui l'a fait vivre si vieux. Je suis certaine qu'au moment de mourir il a douté de lui, que pendant quelques minutes il s'en est voulu pour sa vie passée à vide, pendant un moment il a dû reconnaître qu'il partirait avant que la main de Dieu qu'il appelait de toutes ses forces ne frappe l'humanité.

En plus de rester devant la télé journées et soirées entières, je me suis également branlée pendant des

semaines sur tes sites pornos mais ça n'a pas fonctionné. Je suppose que voir chez d'autres mon propre
sexe ne provoquait rien sinon l'affolement, ça n'avait
malheureusement d'autre effet que me remettre à ma
place et me pousser à la comparaison. Il me semblait
même que derrière l'écran, on se moquait de moi, que
l'entité maléfique qui recouvrait le globe en liant entre
eux tous les internautes savait que tes filles m'éclipse-
raient de tes pensées et jusque dans mes propres fan-
tasmes. Pour arriver à jouir, il fallait donc me mettre
à la place d'un homme et pour ça j'avais besoin de
femmes plus âgées que moi, entre trente-cinq et quarante ans au moins. Aujourd'hui je vois bien que toi et
moi, sur ce plan, on n'avait pas les mêmes goûts. Pourtant je ne demandais qu'à trouver la paix dans la sensation de l'appétit comblé comme il se doit, je parle du
moment qui suit la décharge où aurait dû m'attendre
le repos du guerrier. Tu m'avais déjà dit que le but à
atteindre dans tout ça était la détente, pour toi se branler
voulait dire se soigner en expulsant l'infection au-dehors,
c'était gratter la démangeaison, ça voulait aussi dire
libérer son esprit pour le travail à faire, d'ailleurs se
branler faisait partie de ton travail. Chaque fois que je
suis allée voir tes filles, je les ai quittées plus triste et
dégoûtée que jamais, plus agitée aussi, il me semblait
que chaque fois que ça ne marchait pas pour moi, c'était
toi qui gagnais.

Sans doute que je n'ai jamais cessé d'être une pute.
On entend dire dans les magazines de mode que le
métier de pute fait tomber toutes les barrières vers la
compréhension des hommes, que les putes en savent
plus que les autres femmes, que le métier de pute fait

des putes des femmes fortes qui restent droites devant le spectacle de la trahison. Pour ma part je trouve que c'est le contraire, je n'ai jamais été aussi en retrait des hommes qu'en me prostituant, pour être pute il faut avant tout se défendre contre la compréhension, c'est une question de survie.

Après quelque temps j'ai arrêté de me branler mais je suis régulièrement retournée sur tes sites pour ne rien manquer de ce que tu y voyais, j'y suis allée en éclaireur. Comme toi j'ai constaté que tes favorites, les Girls Nextdoor parmi lesquelles se trouvait ta favorite Jasmine, avaient l'allure des vraies voisines, un peu comme les putes des agences d'escorte ont l'allure des jeunes filles de bonne famille. J'ai constaté que les Girls Nextdoor inspiraient effectivement l'accessibilité de la porte d'à côté, qu'elles avaient toutes l'air faciles, qu'elles avaient même l'air de baiser par plaisir et pour de vrai, et que la mise en scène qui les portait à sucer le premier venu était probable. J'ai même écrit une chronique sur elles dans ton quotidien *Le Journal*, je me demande si tu l'as lue.

Aujourd'hui je me demande s'il est possible que tes Girls Nextdoor se rendent chez toi pour frapper à ta porte et te demander l'asile, pour se réfugier sous l'aile de tes six pieds et se réchauffer sous ton regard attendri, te raconter pourquoi elles ne peuvent plus rentrer chez elles et qu'elles doivent téléphoner au serrurier en oubliant qu'elles sont nues sous une serviette de bain.

À ma jalousie tu répondais que j'avais fait pire, tu disais même *le* pire. Tu ne comprenais pas que les bas-fonds que j'avais frappés ne m'aient pas ouvert pour de bon l'esprit sur les choix de vie de ma génération.

Tu disais que les putes étaient mal placées pour faire la leçon. À ce moment tu ne savais pas que les putes repenties se transformaient souvent en curés, ni que dans ce monde comme dans les autres il y avait le principe du pendule. Pour te défendre, tu me renvoyais aux photos de moi apparues sur le Net il y a des années. Je t'avais avoué qu'à vingt ans j'avais posé pour Barely Legal, je t'en avais fait l'aveu comme si, après tout ce que tu savais déjà sur moi, il y avait encore de la place pour la surprise. D'ailleurs sur le coup tu n'as pas réagi, ce n'est qu'un mois plus tard que tu t'es mis dans la tête de les retrouver, pour ça tu as réclamé mon aide.

Malgré notre patience et mes indications, on n'a retrouvé aucune de ces photos et, à bien y penser, ça ne m'étonne pas. Depuis que je suis toute petite, j'ai l'habitude d'être mise en face du manque de preuves de mon existence et je crois qu'aujourd'hui c'est beaucoup plus embarrassant pour les autres que pour moi. En général les handicapés souffrent trop pour souffrir en plus d'embarras, par exemple c'est peut-être parce que l'embarras ne m'est plus accessible qu'il m'est possible d'écrire toutes ces choses. Quand même je trouve dommage qu'on n'ait retrouvé aucune de mes photos. Il y avait de quoi te permettre de t'aimer en te branlant de la main gauche parce qu'à vingt ans j'étais pratiquement vierge, j'avais tout de la Girl Nextdoor, je n'avais pas encore le corps d'une Porn Star, et à ma vue on sentait l'odeur du sexe et non celle de l'argent.

Je me souviens du jour où elles ont été prises chez moi ; je me souviens d'avoir détaillé à fond, après le shooting, les polaroïds qui avaient servi à obtenir le bon éclairage sur ma peau, je me souviens aussi de la peur d'être excitée qui m'avait presque rendue folle. Pendant les premières dix minutes je ne m'étais pas reconnue, de ma vie je ne m'étais jamais vue sous cet angle, d'ailleurs ça a été mon dernier contact avec la pornographie jusqu'à ce que je te rencontre. C'est également dommage qu'on ne se soit pas aimés pendant cette période de mes vingt ans, on se serait sans doute mieux compris. Pour se détruire, on aurait eu dix ans devant nous.

Connaître les deux côtés de la médaille de l'industrie me donnait le droit de parole, ça me permettait de ne rien t'épargner de mes réflexions. Pour moi les putes comme les filles du Net étaient condamnées à se tuer de leurs propres mains en vertu d'une dépense trop rapide de leur énergie vitale dans leurs années de jeunesse, d'après moi elles préféraient s'achever elles-mêmes en sentant le grondement des derniers milles plutôt que ramper dans l'existence. En se tuant elles étaient comme la lumière des étoiles mortes qui nous parvient dans le décalage de leur explosion et dont les astronomes disent qu'elle est de loin la plus éblouissante de toutes, peut-être parce que au moment de mourir elles lâchent la meilleure part d'elles-mêmes comme les pendus. Peut-être que ton père aurait approuvé l'analogie entre la vie des étoiles et celle des femmes vivant et mourant du désir des hommes, entre l'expiration de la vie et la visibilité que ça donne tout autour. Avec la panoplie de ses lentilles et de ses filtres rouges, bleus et jaunes, ton père a pu des centaines de fois tirer le déploiement des traînées multicolores provoquées par l'éventrement de novæ et de supernovæ avec un appareil photo spécial qu'il posait au bout de son télescope. Ton père se passionnait pour l'astrophotographie, il avait tapissé les murs de sa cabane d'observation de grandes illustrations de phénomènes cosmiques ; sur l'une d'entre elles on pouvait voir le résultat de la collision de deux galaxies d'où elles étaient sorties méconnaissables, démantelées, traversées par des bandes de nuages noirs qui ressemblaient à des traînées de sang. Plus que tout ton père cherchait dans le ciel des géantes rouges gonflées par l'instabilité de leurs atomes sur le point de rendre l'âme ; ton père aimait les couleurs de l'agonie, il connaissait mieux que nous les splendeurs des derniers soupirs.

Si Dieu avait permis à tous les vivants de mourir de façon aussi spectaculaire, d'éjecter dans l'air la totalité de leur masse, le monde aurait un sens. Il me semble que la vie aurait gagné à se prolonger dans un immense flash mais Dieu a voulu que l'on puisse disparaître dans le silence des fonds océaniques ou dans l'oubli des ghettos.

À mes considérations sur les putes, les filles du Net et le cosmos, tu ne répondais rien. Tu avais commencé à t'éloigner de moi et pour toi s'éloigner voulait dire perdre le fil des idées de l'autre, ça voulait dire aussi ne plus prendre la peine de répondre. Je me demande si c'est à cause de l'odeur qu'on forcera la porte de mon appartement après ma mort, je me demande dans quel état d'expansion on découvrira mon corps.

Dans le passé beaucoup de clients m'ont dit que j'avais le corps d'une Porn Star, par là on voulait dire que les centaines d'heures d'entraînement physique et les milliers de dollars en chirurgie plastique m'avaient particularisée, ça m'avait en quelque sorte séparée de la nature, désormais mon corps appartenait au domaine de la culture. Un jour je t'ai demandé quelle était la différence entre moi et les Porn Stars. Tu m'as répondu que, contrairement aux Porn Stars, j'étais là, dans ta vie, et que tous les soirs tu me retrouvais dans ton lit. Peut-être voulais-tu dire que j'étais là un peu trop, que tu m'avais un peu trop sous la main et que parfois c'était gênant. Ou peut-être voulais-tu dire que cette liberté de bruits et de grimaces permise par l'impossibilité où se trouvent les Porn Stars de juger ceux qu'elles font bander t'était précieuse. C'est vrai qu'aucun homme ne peut tenir dans des yeux comme les miens qui ont trop vu et c'est d'ailleurs pour ça que les pédophiles aiment les enfants, c'est aussi pour ça que les femmes tombent pour les curés ou les militaires revenus d'un long séjour en terre hostile, pour s'assurer que dans le plaisir il n'y ait pas d'usure.

Sur les filles du Net tu avais constaté plusieurs choses, entre autres que rien ne sortait de leur chatte toujours mouillée dans leur stérilité de latex, pas même le petit lait caillé pourtant si répandu qui avait le don de t'exaspérer, peut-être parce qu'il laissait planer le doute sur le passage d'un autre. L'émerveillement te prenait chaque fois que tu constatais que rien ne sortait de leur cul non plus et qu'aussi loin qu'on aille on ne trouvait pas de merde. Elles sont si propres, me disais-tu, pour faire la lumière sur ma propre merde qui recouvrait ta queue sans ton consentement quand tu m'enculais et par là tu voulais sans doute me dire que la merde tuait l'amour même si on l'avait cherchée.

Que je n'y sois pour rien dans la matière organique du corps humain où les emportements les plus violents finissent par buter ne t'a pas rassuré et ça peut se comprendre, toucher un cadavre peut provoquer la mort.

Tous les deux on parlait trop. On étalait notre dedans, on se montrait notre laideur intérieure, c'était peut-être une façon de brandir les armes et de pousser l'autre à battre en retraite. Tu as dit des choses qui ne sont pas faites pour être dites, que tu prenais ta queue en photo pour en faire une collection qui te permettait de la détailler, que ta collection formait un panorama où les angles les plus inaccessibles de ta queue se montraient de face sur ton écran, que de toutes les images classées par thèmes de ton système informatique tu préférais encore celles de ta queue parce qu'elles bandaient avec toi dans un jeu de symétrie. Tu as dit que la grosseur de ta queue variait selon les jours et que c'était une question de force d'excitation, que de saisir ta queue au dernier stade de l'excitation avec l'appareil photo posait un problème parce que dès que tu la lâchais, elle tombait, et qu'au moment où ta queue touchait sa taille maximale, les secondes t'étaient comptées, ça te rendait précoce.

C'est à ce moment de ton récit que je t'ai interrompu, je m'en souviens très bien parce qu'on était au Bily Kun et que Nadine s'y trouvait aussi, accoudée au bar devant une pinte de bière, éclatante de bonne humeur, sa tête renversée vers l'arrière et entourée d'hommes que tu connaissais. Comme toujours on avait pris de la coke. Pour ne pas disparaître devant le bonheur où te plongeait ta collection de photos, je t'ai rapporté un cas semblable chez mes anciens clients, je t'ai dit qu'un homme m'avait confié se branler en imaginant qu'il se branlait. Désolée mon amour d'avoir ce soir-là arrêté le discours de ta désolation alors que j'aurais dû garder le silence et regarder ailleurs comme les gens qui doivent porter la honte des autres savent le faire. À partir de ce soir-là les choses entre nous n'ont jamais cessé de se détériorer, toi et moi avions compris que le repli sur ta queue en disait long sur notre avenir ; c'était peut-être une façon de te ramener à toi dans le but de te donner à une autre.

Que je t'en veuille de tes manies te paraissait d'une autre époque. Il te semblait que mon grand-père avait eu trop d'influence sur moi, qu'à force de l'avoir écouté j'étais aujourd'hui de sa génération. Il te semblait que son métier de cultivateur voulait tout dire sur sa vision du monde. Être cultivateur voulait dire rester en retrait des hommes et idéaliser la matière brute non touchée par eux, ça voulait dire prêter à la technologie de mauvaises intentions et avoir peur d'allumer sa télé, ça voulait dire ne pas pouvoir comprendre que, si les images font bander, elles ne tuent personne, que leur impact s'arrête dans l'intimité du foyer. Être cultivateur voulait également dire avoir Dieu au-dessus de sa tête toute la journée au milieu des champs de blé et n'avoir que lui à blâmer quand le blé ne pousse pas, c'était s'exposer inutilement à sa colère et être le premier à payer. Tu disais qu'en ville les gratte-ciel formaient un bouclier et nous maintenaient dans l'impunité.

Selon toi, notre époque en était une de pornographie et il fallait l'assumer comme on assume les grands changements climatiques, pour ça il fallait faire nos adieux aux derniers balbutiements du pape. Il fallait aussi faire sortir le diable du monde. Selon toi la pornographie faisait partie du quotidien, elle était même prescrite par les médecins. Tout le monde, disais-tu encore, connaissait la vertu du sexe à renforcer le couple, à quoi je répondais que de nos jours le sexe ne se pratiquait plus à deux. Je te répondais qu'à proximité du charme des Girls Nextdoor entassées dans ton ordinateur j'avais l'impression d'interrompre un numéro qui se passait de moi et qu'il me fallait donc en sortir sur la pointe des pieds, d'ailleurs je me souviens que bien souvent, vers la fin de notre histoire, je quittais ton appartement le soir de peur de me sentir de trop. Les premières fois tu voulais me retenir parce que tu croyais que j'allais rejoindre un amant, tu y voyais une fuite qui ne se rattachait à aucune faute de ta part, ensuite tu me laissais aller sans un mot parce que tu avais compris que c'était un cadeau.

Pendant un temps tu as voulu prendre les choses en main en m'initiant à la cyberporno. Tu m'assurais que devant ton écran il y avait de la place pour deux. Tu n'avais pas ma manie de penser au quotidien des filles qu'on voyait, pour toi les images n'existaient pas vraiment, elles n'avaient pas l'épaisseur de la vie. Pendant cette période j'ai commencé à paniquer pour de bon parce que j'étais prête à tout pour te plaire et même à devenir un client. J'ai eu peur que la collaboration ne soit l'unique façon de m'en sortir auprès de toi. Ensuite j'ai compris que ça n'arriverait pas, enfin pas pour de vrai, j'avais bien trop peur et la peur m'empêchait de bouger, c'est d'ailleurs à ça que sert la peur, à donner du fil à retordre aux gens sur le point de commettre un crime. Pendant cette période j'ai aussi compris que la masse de mes clients m'avait suivie dans notre vie de couple et que j'étais une femme trompée, j'ai compris qu'en étant avec toi j'avais le pire des deux mondes. Parfois la prostitution me manquait. Je me suis même demandé si retrouver mes clients pourrait me consoler de toi, il me semblait que si je m'étais prostituée, c'était pour une raison que je ne pouvais pas comprendre avant de te connaître.

Pendant une semaine complète j'ai consenti à ça, à ton initiation, j'ai suivi les opérations qui, dans ton cybermonde, te menaient toujours où tu le voulais. Tu étais habile et très rapide, sur ton écran les images suivaient le mouvement de tes doigts qui contrôlaient le clavier, c'était de la prestidigitation. Tu étais un computer-geek et tous tes amis le reconnaissaient : grâce à ton talent, tu irais loin dans la vie.

Je me suis souvent demandé pendant cette semaine-là si, dans la foule des internautes qui se pressaient dans les réseaux en même temps que nous, se trouvaient de la famille, des proches comme ton père par exemple ou pourquoi pas ta mère. Un jour tu m'as avoué que ta mère savait absolument tout sur toi, qu'entre vous il n'existait aucun tabou et que tu ne lui cachais donc rien. Tous les deux vous aviez même formé un duo contre ton père quand il tentait de faire la loi à la table familiale. Entre autres choses tu lui avais parlé des images pornos que tu t'étais appropriées gratuitement en les arrachant à la protection de mots de passe pour ensuite les cacher sous tes propres mots de passe. Tu lui as dit qu'au fond ton goût pour le porno n'était qu'une histoire de piratage, de pillage, que ce que tu aimais par-dessus tout, c'était de percer l'armure de sites payants et les dépouiller de leurs femmes pour ensuite les ranger dans ton cheptel. Ta mère ne te reprochait jamais rien, pas même de fumer du cannabis devant tes grands-parents, à ce sujet tu n'aimais pas que je te dise que ta mère n'était pas vraiment une mère.

Devant ton écran pendant cette semaine-là, j'ai aussi pensé aux gens mariés qui n'avaient plus envie les uns des autres et qui allaient se consoler au hasard des sites dans le confort de leur foyer. À aucun moment devant ton écran, je n'ai pensé à nous deux. J'ai pensé que pour ce genre d'activités mon système informatique était mieux adapté que le tien parce que avec le mien les images se dévoilaient très lentement et par à-coups du haut vers le bas, recréant ainsi l'effet du strip-tease, alors qu'avec ton système haute vitesse les images nous étaient flanquées d'un seul coup au visage. Chaque fois on avait un mouvement de recul; il nous fallait plusieurs secondes de déchiffrement de l'écran avant de pouvoir assembler les pièces du puzzle de la nudité des filles pour en faire quelque chose de cohérent. Souvent on voyait des bouts de corps prendre place dans les photos sans toutefois appartenir aux filles et pour reconstruire les personnes manquantes, ça demandait de l'imagination.

Assis côte à côte on a vu beaucoup de photos. Pendant le temps de mon initiation j'ai eu du mal à me regarder dans le miroir parce que mon image me choquait, par rapport à Jasmine j'avais un âge avancé, j'avais l'âge des ridules et des premiers cheveux blancs. J'ai bien failli te quitter mais on était au début de l'hiver, le temps des fêtes arrivait et devant la perspective de franchir le cap de l'année de ma mort il ne servait plus à rien de bouger.

Je me souviens surtout de la petite Jasmine, cette Girl Nextdoor que tu aimais entre toutes comme une petite sœur, peut-être parce que le nom du site où elle apparaissait, Little Sisters, le suggérait. Elle portait une longue perruque brune qui entourait ses dix-sept ans d'ambiguïté parce qu'elle la vieillissait et que le vieillissement attirait du coup l'attention sur sa jeunesse. Tous les deux, on lui trouvait un côté touchant, si elle n'avait pas été modèle elle aurait pu vendre des allumettes, elle aurait pu être Cendrillon peinant dans ses haillons. Autour d'elle c'était toujours sombre à cause de l'arrière-fond de briques qui donnait à l'ensemble une impression froide et humide de cachot. Des photos d'elle il y en avait une centaine où on la voyait habillée ou l'air coquin en sous-vêtements ou entièrement nue. En la détaillant je me suis souvent mordu la langue pour provoquer une sensation physique autre que celle de l'abattement ; si tu avais été un client, tu me l'aurais payé. Les photos étaient pour la plupart ratées et se ressemblaient toutes, j'ai supposé que la queue bandée du photographe avait paniqué et fait sortir Jasmine de son cadre ou encore que le photographe n'avait que faire de l'art qui mentait sur la vérité, qui cachait au lieu de montrer. Tu m'as dit qu'il fallait respecter l'ordre de droite à gauche des maquettes de photos, tu m'as appris que c'était pour reproduire les étapes du déshabillage dans ses tâtonnements : en passant les photos une par une et de droite à gauche, on recréait le vrai. En ce domaine l'important n'était pas la composition ou la splendeur mais la proximité, il fallait avoir l'impression d'avoir soi-même pris les photos et à la limite ces photos devaient avoir l'air de photos de famille.

Sur les photos de Jasmine on pouvait voir son visage et ça m'a déplu. Je trouvais les visages superflus dans ce domaine et je les préférais donc hors du coup : croiser un regard, même celui d'une photo, me donnait l'impression d'être vue en retour et me ruinait toute chance de montée du plaisir. Pour toi c'était le contraire, les visages étaient essentiels pour une raison d'identification mais je n'ai pas compris de quelle identification il s'agissait ; il m'a semblé que pour toi les filles devaient être identifiables, des fois que tu les croiserais dans la rue ou mieux qu'elles et toi seriez voisins. Sur les photos où Jasmine était nue, elle avait un air grave et tu as dit que c'était parce que le moment de contemplation avant le passage à l'acte devait se passer dans le plus grand sérieux, pour toi être nue voulait dire être prête, et être prête voulait dire arrêter la plaisanterie. Je savais que tu bandais déjà dans ton pantalon mais pour la première fois te savoir bandé me mettait en échec, ça me rejetait.

Après avoir regardé les photos, on a regardé les séquences vidéo où elle sortait ses petits seins d'un soutien-gorge rouge avant de tirer sa petite culotte blanche sur le côté et de s'enfoncer un doigt dans la chatte en ouvrant la bouche, Jasmine respectait à la lettre les codes du marché. Là tu as baissé mon pantalon pour tirer ma petite culotte sur le côté et me prendre par-derrière. Ne sachant pas quoi faire j'ai fait la petite fille, j'ai baissé les yeux pour pleurer parce que te plaire me paraissait hors de portée et que je ne sentais rien d'autre qu'une grande peine probablement due à l'impression que tu couchais avec une autre sans que j'y puisse quoi que ce soit. Dans un geste ultime de retrait j'ai remis mon sexe à Jasmine, j'ai baissé les bras et je n'ai plus bougé. En m'effaçant j'ai aussi perdu la mémoire des gestes à faire devant un homme, pourtant formée de quatre millions d'années d'apprivoisement des sexes ; d'un seul coup je ne savais plus comment bouger ni gémir et toute la pièce s'est engourdie. En sortant de mon corps, c'est mon corps qui a pris le dessus ; ma chatte qui manquait de suc s'est resserrée sur ta queue comme pour la pousser dehors, elle est entrée en ces convulsions qui agitent les estomacs pour renvoyer vers le haut ce qui ne leur convient pas mais tu t'es collé à moi davantage, tu as profité de la résistance pour te donner plus de plaisir.

Sur l'écran il y avait trop de détails importants que tu regardais peut-être mais que je ne voyais pas, je me suis demandé si tu regardais mon cul ou celui de Jasmine, j'ai douté non seulement de ma contribution à votre histoire où je servais de conduit vers l'écran, mais aussi de la réalité du contact de ma chair sur la tienne. Un chien a aboyé dans le parc Lafontaine et j'ai pensé que les chiens se donnaient beaucoup de mal pour se faire aimer de leurs maîtres, j'ai aussi pensé à la jeune Tchèque sur qui tu avais versé de la bière en voulant la faire danser à la SAT et à ma peau ramollie par l'approche de la trentaine, que tu empoignais. J'ai pensé à toutes sortes de choses très loin de ton regard fixé sur Jasmine qui passait en boucle dans sa petite culotte tirée sur le côté.

Un verre d'eau est tombé et en voulant le ramasser je me suis cogné l'œil sur le coin de ton bureau. Au même moment tu as joui et je suis restée accroupie à regarder s'étendre la flaque d'eau sous ton bureau où j'ai remarqué ta poubelle qui débordait de mouchoirs qui ne pouvaient pas t'avoir servi à recevoir ton rhume puisque tu n'avais jamais de rhume. Pour m'aider à me relever, tu m'as empoignée sous les aisselles. Tu as eu un regard étonné quand tu as vu mon visage tordu par les larmes, ensuite tu m'as assise sur ton lit pour mieux me serrer dans tes bras. Pendant que tu me baisais, tu n'avais pas remarqué que je pleurais, tu avais plutôt cru que c'était la sensation nouvelle pour moi d'intégrer un élément pornographique à notre étreinte qui s'était exprimée dans ces drôles de sons. Je t'ai dit que ce n'était rien et qu'il ne fallait pas abandonner la partie, que j'allais finir par croire si fort en ton amour qu'aucune autre ne pourrait plus me déloger de ton cœur.

Je ne sais pas si, de son vivant, mon grand-père s'est posé la question de la ressemblance entre le bruit des larmes et celui du plaisir, mais s'il l'a fait, il a dû penser que Dieu devait être tordu pour imposer aux hommes cette ambiguïté. Il a dû penser que Dieu riait dans sa barbe et que seul du haut de son royaume il se branlait sur leur confusion.

Pendant cette semaine-là, tu m'as montré beaucoup de choses, mais tu as oublié que cette initiation ne me ferait pas connaître le plaisir mais les nuances de tes grimaces qu'il me faudrait ensuite déchiffrer quand tu me baiserais. Tu n'as pas pensé que sous toi je devrais désormais affronter la multitude des filles du Net qui me mépriseraient sous tes paupières fermées, ni que, par la suite en tête à tête, je ne me verrais plus dans tes yeux et ne croirais plus qu'à la chatte des autres. Le soir où tu m'as quittée, tu m'as dit que dans le cercle de tes copines et de tes ex tu n'en avais jamais trouvées aucune pour se plaindre de cette habitude, que parmi toutes celles que tu connaissais j'étais la seule qui s'en affolait. Ensuite je t'ai demandé si l'une d'entre elles s'était déjà prostituée pendant cinq ans et tu n'as rien répondu, parfois tu trouvais que pour faire valoir mon point je forçais les liens.

Je me demande si tu as vu les dernières photos de Jasmine, hier encore en sont apparues de nouvelles où elle ne porte plus de perruque. Hier elle faisait exactement son âge. Chaque fois que je la vois, je pense à nous, à ma maladresse devant sa précision numérique et à ce que pensent les chiens quand ils bougent la queue. Depuis quelques semaines je ne me regarde plus dans le miroir, je me demande si j'ai vieilli.

*

* *

Le lendemain de ton départ j'ai voulu te retrouver, pour ça j'ai ouvert bien des portes. J'ai commencé à fréquenter le Cinéma L'Amour au coin du boulevard Saint-Laurent et de la rue Duluth. C'est Freddy qui m'avait un jour parlé de cet endroit où des hommes vont se branler dans une salle de cinéma sur de vrais couples baisant pour de vrai sur une petite scène éclairée rouge. Lui-même y était allé quelques fois par curiosité. Après huit ans de mariage sans écart de conduite, m'avait-il confié, il était redevenu naïf et à son âge la naïveté lui pesait, après huit ans de fidélité, il se sentait vieux garçon. Pendant quelques semaines, jusqu'au jour où je me suis découverte enceinte, j'y suis allée en pensant que, par rapport à l'écran de ton ordinateur, il s'agissait d'une amélioration, d'un premier pas dans le rapprochement vers les autres. J'avais pensé que là-bas je trouverais de la chaleur humaine, j'avais oublié que cette sorte de chaleur-là ne se prodiguait que dans l'éloignement du plus strict anonymat.

Et puis j'avais probablement envie que le piège se referme sur moi. À ce moment ma décision était prise, je refusais de me sortir du trou une fois de plus comme je l'avais fait dans le passé, je refusais de m'accorder une fois de plus une seconde chance… En tant qu'agonisante j'avais bien le droit de me laisser aller, j'avais le droit de mourir où il me chantait. Quand j'ai prévenu Freddy que je voulais me rendre au Cinéma L'Amour, il m'a d'abord mise en garde contre ce lieu, il m'a dit que là-dedans ne se trouvaient que des petits vieux qui ne pensaient qu'à sauter des petites curieuses comme moi, il a dit ça sans doute pour prévenir les coups, il paraît qu'être violée dans un endroit pareil met d'avance en échec les poursuites en justice, il paraît que dans tous les cas de poursuites l'opinion publique n'a pas épaulé les victimes. Il faut dire que Freddy pensait le sexe en termes légaux, d'ailleurs il s'est marié dans un hôtel de ville, devant un juge de paix. Je lui ai dit avoir l'habitude des vieux et même manquer de la sensation de leur souffle sur la chatte potentielle que je représentais pour eux, je lui ai dit que si j'allais là-bas c'était avant tout pour tester sur eux ma féminité blonde, qui sait si depuis que je n'étais plus une pute je n'avais pas désappris l'essentiel et que je n'étais pas sortie du champ magnétique où se rencontrent les grands séducteurs et les femmes désirables. Qui sait si à force d'avoir été touchée, léchée, prise de tous les côtés, il ne se dégageait plus de moi qu'une odeur de terre brûlée.

Freddy qui a toujours su se montrer galant a proposé de m'y accompagner, mais une fois là-bas, on a convenu que pour se branler la présence de l'autre serait un obstacle. On s'est donc séparés à l'entrée en se donnant rendez-vous une heure plus tard à la sortie du cinéma qui donnait dans une ruelle où s'entassaient les poubelles des commerces voisins, les ruelles sont justement faites pour accueillir les coupables, les ruelles sont un monde parallèle où le grand jour ne se rend pas, elles sont le bas monde de mon grand-père. D'ailleurs au Cinéma L'Amour, personne ne sort par l'entrée qui donne sur le boulevard Saint-Laurent, sans doute pour ne pas perdre la face devant les passants. Là-bas les femmes entrent sans payer, comme dans tous les lieux où on baise en public. Il est universellement prouvé que la présence des femmes est en soi rentable dans le commerce des hommes parce qu'elles attirent les hommes et qu'elles-mêmes n'ont pas de grands besoins. Les femmes ne demandent qu'à ce que leurs ouvertures soient comblées, pour ça elles n'ont qu'à tendre la main et qu'à se laisser prendre, il paraît que dans ce genre de lieux les femmes sont accommodantes, d'ailleurs la première chose qui frappe à la lecture de *La Vie sexuelle de Catherine M.*, c'est l'accommodation. Il est également prouvé que les gens malades comme moi se prennent eux-mêmes comme cobayes, non pas pour guérir, mais pour ne pas rester passif dans la destruction, c'est une question de dignité.

Cette première fois une vingtaine d'hommes se branlaient dans la pénombre sur trois couples qui opéraient une rotation calculée de trois positions différentes, elles dessus, elles dessous et eux derrière. Partout s'entendait

108

le bruit des couples amplifié par des micros et celui des branlettes réparties dans la pénombre. Je me suis demandé pourquoi tant de pénombre et je me suis rappelé que mes anciens clients avaient tous une profession et la plupart du temps une famille, je me suis rappelé que l'étalement du sexe dans la société veut surtout dire tout voir sans être vu, ça veut dire payer pour rester en dehors du coup. Jasmine par exemple ne te verra jamais à travers ton écran. Jasmine ne saura jamais rien de ce qui entoure sa personne, rien des drames ou des réconciliations et encore moins de l'examen des folles qui cherchent sur elle ce qui fait bander les hommes qu'elles aiment.

Cette première fois je suis sortie en vitesse parce que tout à coup j'ai compris que Jasmine pouvait se trouver au même moment sur l'écran de ton ordinateur pendant que des hommes se branlaient autour de moi et parce que la révélation brutale de te chercher à la mauvaise place me secouait trop pour profiter des couples, te savoir ailleurs me donnait envie de partir à ta recherche. Une fois dehors dans la ruelle je n'ai pas attendu Freddy. J'ai pris ma voiture pour passer devant ton appartement où j'ai pu voir les rideaux tirés de la fenêtre de ta chambre, le tremblement de mes mains sur le volant a failli me faire perdre le contrôle. Ça a été la dernière fois que je me suis aventurée près de chez toi. Une fois chez moi, j'ai appelé Freddy ; il s'était inquiété, il m'avait cherchée partout dans la salle de cinéma.

Ensuite je suis retournée là-bas une dizaine de fois pour m'entourer du bruit que fait l'amour en se repliant sur lui-même et qui me rappelait le bruit de tous les

FOLLE

hommes, le tien aussi. Il me semblait que ces endroits
chauds devaient ressembler aux ventres des mamans
où les gargouillis particulièrement graves ou aigus
et même les murmures les plus subtils deviennent
une façon d'explorer le monde, il me semblait que ce
n'étaient pas les yeux qui menaient le mieux à l'âme,
mais la voix. Mon grand-père a toujours dit que depuis
le début des temps de nombreux hommes avaient
entendu Dieu mais que personne ne l'avait jamais vu.
Les deux ou trois premières fois je n'ai pas voulu me
branler dans la salle, je ne l'ai fait qu'une fois de retour
chez moi. Ensuite j'ai voulu prendre mes aises dans la
pénombre sans faire de bruit pour ne pas être repérée
dans mon sexe féminin mais peine perdue, je pensais
trop à toi qui n'étais pas là, je me demandais où tu
étais et l'écran de ton ordinateur s'imposait, j'imaginais des scènes cruelles où tu bandais d'une autre,
j'imaginais que ça te faisait sourire.

Pour aller au Cinéma L'Amour, je m'habillais toujours de façon ample comme les femmes de plus de
quarante ans, je portais les vêtements de sport très
larges que tu avais laissés chez moi pour cacher mes
seins jugés sur le Net bien trop gros pour les amateurs
de petits seins mais trop petits pour les amateurs de
gros seins. Chaque fois je portais ta casquette noire
palette devant, ta veste sport à hauts collets qui des-
cendait jusqu'à mes genoux et ton pantalon noir à
rayures blanches dont j'avais coupé le bas et que je
plaçais le plus bas possible sur mes hanches pour
donner un espace à ma supposée queue. Il est possible
que mes efforts pour être un homme ne me rendaient
que plus femme encore comme l'éclat des dix-sept ans

110

de Jasmine qui crevait sa perruque mais sous mon travestissement devait se lire mon souci de n'être pas dérangée parce que en général on ne s'occupait pas de moi. Après tout il est probable que dans ce genre d'endroits les hommes s'intéressent surtout aux hommes et que, la main s'activant en cachette, ils ferment comme moi les yeux pour mieux entendre les autres tout autour en faisant mine de regarder les couples sur la scène.

Les heures d'affluence comme les vendredis entre dix-huit et vingt heures étaient mes préférées parce que l'intensité du bruit me soûlait jusqu'à me faire oublier le danger d'être entendue et parfois même jusqu'à me faire oublier ton existence. Deux ou trois fois je suis parvenue à jouir à bout d'efforts mais chaque fois la tristesse me prenait encore plus que d'habitude et durait des jours, peut-être parce que quelque chose en moi avait fonctionné sans que ni toi ni moi y soyons pour rien. Ce n'est pas facile d'admettre que si la vie continue, ce n'est pas par choix mais parce qu'on ne peut rien contre sa force organique qui se fraye un chemin en dehors de la volonté humaine, en dehors des injustices commises sur les plus petits comme les enfants pauvres dressés en soldats pour remplacer d'autres soldats dans des pays où tous les hommes sont déjà morts. Ce n'est pas facile d'admettre que la vie se sert des affamés et des malades pour grandir encore sous la forme de sacs de blé lancés depuis des avions, qu'elle se sert aussi des croisements de races bovines dans les laboratoires et des antidépresseurs qui forcent le mouvement dans les esprits fatigués. De cette vie qui se perd dans la nuit des temps et qui aura raison de tout, qui rejaillira du pire pour s'imposer à nouveau et reprendre du début toutes les erreurs du passé, je n'en veux plus... Quand je pense qu'on applaudit le courage des rescapés alors que c'est la vie qui les traîne derrière elle!

Quand là-bas je gardais les yeux fermés assez longtemps, du sperme coulait sur mes joues sans prévenir ou d'autres fois encore j'ouvrais les yeux pour découvrir une queue tendue vers ma bouche. Tous les hommes qui m'ont approchée dans ce lieu l'ont fait en silence alors que le bruit était la seule chose que j'attendais d'eux. Chaque fois qu'un homme m'approchait, le fil de mes rêveries se rompait et il n'était plus possible de trouver le plaisir dans l'écoute des hommes autour de moi, alors je sortais. Chaque fois je quittais cet endroit comme on quitte les after hours au soleil levant, dans la lumière du jour qui se rabat sur des heures d'obscurité d'où on sort le visage marqué, dans l'attitude honteuse cachée derrière des lunettes de soleil et dans l'urgence de retrouver un lieu où sa présence ne pourra surprendre personne. Je rentrais chez moi où, les rideaux tirés, je faisais défiler les numéros de l'afficheur de mon téléphone pour voir si le tien s'y trouvait; pendant mon absence, tu aurais pu avoir eu envie de me parler, tu aurais pu avoir senti à distance que je tombais. Il aurait fallu plutôt admettre que chercher une part de toi dans les gémissements des autres me ferait sentir de trop près ton absence. Il aurait fallu déterminer une fois pour toutes qu'il était inacceptable que derrière les autres puissent s'ouvrir des passages souterrains menant à d'autres et qu'on puisse soi-même former pour d'autres un réseau d'égouts où on se promène à tâtons parmi les éructations que font les hommes en se soulageant. Après quelques semaines seulement de fréquentation du Cinéma L'Amour, la nausée me prenait dès que je fermais les yeux, alors j'ai compris que j'étais peut-être enceinte. Les bruits de là-bas avaient changé de nature et s'étaient séparés des tiens, il me semblait que de ton côté ils avaient dû évoluer au contact d'autres femmes, il me semblait que tes bruits et les leurs se faisaient face dans un jeu d'échos qui les avait rendus complémentaires et inimitables. Après quelques semaines je m'endormais là-bas dès que je fermais les yeux parce qu'à ce stade de ma vie je ne faisais rien qui soit approprié. Peu après, un test de pharmacie a confirmé ma grossesse et les choses ont changé pour un temps, le moment de ma mort a été remis en question. Ce n'est que le lendemain de l'avortement que ma décision est redevenue irrévocable et que j'ai commencé à t'écrire cette lettre.

Pendant la période du Cinéma L'Amour, Freddy a continué de m'accompagner, son amitié pour moi allait très loin. Avant de te connaître on allait toutes les fins de semaine en pique-nique dans le parc Lafontaine, on a sûrement ouvert un jour une bouteille de vin sous la fenêtre de ta chambre. Au cinéma Freddy se tenait toujours dans les environs quoique suffisamment loin de moi pour que je ne l'entende pas. Il est probable qu'il parvenait mieux que moi à se branler, mais je n'en ai jamais eu la certitude. Ses traits à la sortie dans la ruelle étaient les mêmes qu'à l'entrée, ses mains étaient également les mêmes, elles ne portaient pas la marque de sa queue. Le mélange de satisfaction et de honte ne se lisait pas davantage sur son visage et ses yeux n'étaient pas agrandis par ce qu'ils avaient vu. Freddy n'avait jamais rien à dire sur le contenu de ses visites et il ne m'a jamais parlé de l'effet qu'avait sur lui la lointaine présence des femmes baignées dans l'éclairage rouge de la scène. Rien n'a jamais été dit non plus sur ce qui le motivait, mais je sais qu'il avait ses raisons pour m'accompagner au Cinéma L'Amour et pour n'en sortir que lorsque j'en sortais. Il me devançait toujours quand on arrivait dans la salle, il tenait à me couvrir. Il m'aimait sans doute comme on aime les oiseaux tombés du nid. Il voulait sans doute s'assurer que je ne sois pas violée, d'ailleurs il disait que là-dedans il ne fallait rien boire parce qu'il existait des drogues faites pour le viol, il disait que c'était une drogue comme bien d'autres qui donnait aux étrangers l'apparence de sauveurs, Freddy voulait le bien des autres quand les autres se voulaient du mal.

Au Laïka il y a quelques mois, Freddy m'a fait comprendre à quel point j'étais perdue en me baisant la main alors que je lui avais tendu les lèvres. Pour faire tomber ma honte, il a mis ça sur le dos de l'alcool. Par mégarde il a dit des mots qui ne devraient jamais être dits en présence d'une femme de trente ans de peur de la décourager à jamais de séduire un homme, il a dit qu'il était flatté. On était copains depuis longtemps et je lui ai beaucoup parlé de Nadine parce que je n'arrivais pas à concevoir qu'il ne la connaisse pas, tout le monde devait connaître La Nadine, c'était une question d'écrasantes probabilités. Pour lui j'ai repris du début toutes les histoires sur elle pour qu'il la connaisse mieux. Je lui ai tout raconté d'elle pour qu'il sache qu'aucun homme ne pouvait lui résister, pas même les hommes qui n'en avaient qu'entendu parler, d'ailleurs, lui ai-je dit, il suffisait d'en entendre parler pour en devenir fou. Je l'ai placée dans des situations extraordinaires que j'ai inventées pour être prise au sérieux et pour lui faire comprendre la grandeur de son pouvoir, mais malgré tout, il ne s'y intéressait pas.

Ce soir-là au Laïka Nadine est arrivée comme pour donner du poids à l'omniprésence que je lui accordais dans l'esprit des hommes et j'ai donc pu la lui montrer. À ma plus grande surprise il l'a trouvée commune, il a dit que sa carrure lui rappelait les nageuses d'Europe de l'Est et que les gencives que découvrait son sourire l'angoissaient parce qu'elles lui rappelaient le cheval duquel il était tombé étant enfant. Ce jour-là il avait bien failli devenir paralysé des quatre membres et, pendant des mois, il avait dû se déplacer en chaise roulante ; pour lui, le sourire de Nadine annonçait la catastrophe. Il a dit aussi que, sous son pantalon noir, ses jambes semblaient prendre la courbe suspecte des jambes sans genoux, son assurance un peu trop bruyante qui ne fléchissait jamais cachait peut-être des jambes crochues.

Freddy n'aimait pas les dominatrices. Il n'aimait pas chez les femmes les marques de la virilité, c'était pour lui un impératif sexuel, il ne pouvait bander que dans l'attitude protectrice en face de la faiblesse. Comment un homme a-t-il pu préférer cette femme à toi ? m'a-t-il répété toute la soirée. Sa question aurait pu me rassurer si ce soir-là Nadine n'avait pas été entourée par trois hommes et si ces trois hommes ne s'étaient pas combattus les uns les autres en ne s'écoutant pas parler et en parlant toujours plus fort pour s'enterrer.

Nadine souriait trop au Laïka et j'ai cru que c'était contre moi qu'elle souriait, qu'elle faisait exprès de rejeter la tête vers l'arrière pour faire passer ses éclats de rire au-dessus des têtes comme elle l'avait fait devant nous un soir au Bily Kun, comme si elle passait sa vie à rire, à montrer les dents pour impressionner l'ennemi comme d'autres pissent, à éclater de rire au-dessus des têtes de toutes les femmes avoisinantes qui la connaissent sûrement à travers les récits que font bien sûr leurs copains, ah toutes ces histoires que j'ai entendues sur ses façons de faire au lit, sur sa façon de prendre dans sa bouche les queues jusqu'à la racine, sa façon d'ouvrir bien la gorge, de surmonter le réflexe de vomir, sa façon de hurler sous le coup des caresses, de hurler comme elle rit, sa façon de tout faire dans la conviction qu'elle surpasse les autres. Le rire de Nadine, au Laïka, me rappelait que moi je ne riais jamais, et que très souvent tu t'en plaignais.

Des événements la concernant ont contribué à ma perte. Le premier était celui du parc Lafontaine. Trois fois, trois mercredis de suite, au cours de l'automne dernier, on l'a vue traverser le parc Lafontaine. Chaque fois j'ai été la première à la repérer et chaque fois j'en suis restée marquée pendant des jours, son apparition dans le parc ne pouvait qu'annoncer son retour dans ta vie. Tous les deux on restait là, les trois fois dans la fenêtre de ta chambre à la regarder traverser le parc et à se demander ce qu'elle faisait si loin de chez elle en pleine semaine. On ne pouvait faire autrement que rattacher sa présence à une volonté de te croiser ou d'être vue par toi, Nadine savait très bien où tu habitais, sans doute qu'elle voulait se faire remarquer sans venir cogner à ta porte. On la voyait de très loin mais sa silhouette était reconnaissable entre mille, surtout avec cette coupe de cheveux incomparable qui faisait sa marque de commerce, très courte d'un côté et plus longue de l'autre. Elle portait également le blouson Orion bleu électrique recouvert d'étoiles argentées qu'un de ses ex lui avait offert et qui l'identifiait au-delà de tout doute puisqu'il n'en existait qu'une douzaine à Montréal, un pour chaque DJ du regroupement. Sa façon de traverser le parc était extraordinairement lente, comme si elle s'immobilisait à chaque pas pour compter jusqu'à dix et les trois fois j'ai pensé qu'elle voulait augmenter ses chances d'être vue. Sa démarche dans le parc ressemblait à celle des chaînes de montagnes, elle passait devant nous dans cette lenteur exaspérante des paysages d'arrière-plan sur l'autoroute. Souvent elle regardait le ciel comme pour voir défiler les formations d'oiseaux en partance vers les pays du Sud, les mains dans les poches, ou encore elle allumait une cigarette pour en tirer des bouffées assise dans l'herbe. Parfois elle s'arrêtait pour revenir sur ses pas, disparaissant de notre vue pour réapparaître dix minutes plus tard et continuer sa route de l'autre côté du parc pour disparaître à nouveau, cette fois-ci pour de bon.

De la savoir si près de chez toi me torturait parce que je savais que ça te flattait, enfin Nadine te tournait autour après t'avoir laissé tomber. En la regardant tu avais le même air satisfait qu'en lisant tes articles du *Journal*. Tu voulais cependant me rassurer, tu affirmais que jamais tu ne lui donnerais ce qu'elle voulait, à savoir aller à sa rencontre dans le parc Lafontaine pour lui demander ce qu'elle y faisait et ce qu'elle te voulait.

La troisième fois, alors qu'on la regardait entreprendre le même chemin en flânant, je suis subitement sortie de chez toi. Tu as voulu me retenir ; pour ça tu as dit que ma combativité ne ferait que l'exciter davantage et quand tu as vu que je ne t'écoutais pas, tu as dit que je ferais une folle de moi. Quand je suis arrivée près d'elle, je me suis arrêtée pour me cacher derrière un arbre et réfléchir ; avoir franchi le seuil de ta porte pour me lancer vers elle voulait dire que j'avais déjà perdu la guerre, ça voulait dire que mon destin se réalisait et que ce destin était de mise en échec et d'usurpation. Les gens autour me regardaient bizarrement, leur attention me renvoyait ma démence mais l'état de transe où je me trouvais m'empêchait d'en tenir compte. Nadine me tournait le dos et debout fumait une cigarette en direction de la rue Sherbrooke, puis elle s'est assise à l'indienne, toujours de dos. Je suis restée derrière l'arbre à regarder son dos couvert du bleu d'Orion parcouru d'étoiles argentées comme une cible à atteindre, je ne savais pas ce que je devais lui faire ni ce que je devais lui dire. J'aurais aimé avoir le courage de simplement utiliser la force physique en me jetant sur elle pour l'étrangler sans explication mais jamais je ne pourrais tuer personne d'autre que moi-même. Soudain elle s'est levée en lançant sa cigarette dans l'herbe et a marché vers moi d'un pas rapide, m'obligeant à sortir de ma cachette comme un diable de sa boîte. Ce n'était pas elle. La femme que j'avais devant moi et qui a reculé les yeux agrandis par la surprise de trouver une folle sur son chemin ne lui ressemblait pas, enfin pas vue de si près ; elle n'avait que sa carrure de brune et cette coupe de cheveux si singulière, en plus de ce blouson Orion dont l'origine est restée pour nous un mystère. Devant mon regard qui ne voulait pas lâcher la vision première de Nadine, la femme a froncé les sourcils, elle attendait sans doute que je me manifeste en paroles : je lui ai demandé une cigarette. Quand je suis revenue, je t'ai vu me regarder par ta fenêtre. Tu n'avais rien manqué de la scène, tu avais compris au même moment que moi que cette femme n'était pas Nadine, et quand, soulagée, j'ai ri de la situation, tu m'as traitée de folle.

Le deuxième événement s'est passé au téléphone. Tu recevais toutes sortes d'appels sur ton téléphone portable ; au début tu répondais toujours, puis à un moment dans notre histoire, tu as commencé à consulter ton afficheur et à filtrer les appels. Quelquefois tu ne savais pas si tu devais répondre ou non, tu posais alors ton téléphone sur ton bureau pour le reprendre avant de le poser à nouveau. Ayant la certitude que Nadine allait faire retour d'une façon ou d'une autre dans ta vie, j'ai pensé qu'elle le ferait d'un coup de fil. C'est ainsi que j'ai décidé de noter, chaque jour, pendant près d'un mois, tous les numéros inconnus de ton afficheur ; je les notais le matin quand tu prenais une douche, puis l'après-midi, alors que tu étais parti écrire dans tes cafés, j'appelais avec mon propre portable un à un les numéros que j'avais notés, chaque fois en demandant si je pouvais parler à Nadine.

Parmi les gens qui me répondaient, il y avait des hommes, mais la plupart étaient des femmes ; je suppose que parmi elles il y avait des collègues pigistes, il vous arrivait de vous réunir dans des cinq à sept. Je leur demandais puis-je parler à Nadine et elles me répondaient désolée, vous vous êtes trompée de numéro. Chaque fois j'étais tentée de demander le nom de celle à qui je m'adressais mais je ne le faisais pas ; au cas où la femme au bout du fil me serait connue, je ne voulais pas être reconnue d'elle en lui faisant entendre ma voix plus que nécessaire. Souvent je tombais sur un répondeur, une fois une jeune voix a annoncé bonjour, vous êtes bien chez les deux Isabelle. Je n'ai jamais su qui étaient ces deux Isabelle.

Puis est arrivé un après-midi. J'ai demandé Nadine et une voix a dit oui, c'est moi. J'ai raccroché immédiatement. Je suis restée là, le cœur battant, la main sur le téléphone pendant plusieurs minutes avant de recomposer le même numéro. Malgré tous les efforts que j'avais déployés pour la trouver, je ne pouvais pas croire que c'était elle. Au fond, si j'avais fait tout ça, ce n'était pas par souci de clarté, ce n'était pas pour nous forcer à vivre dans la vérité de votre amour qui me congédiait de ta vie, c'était pour me prendre moi-même, pour me raconter les peurs dont j'avais besoin pour m'arracher à toi avant de te revenir, c'était pour me tendre une embuscade, pour jouer au cow-boy avant de m'endormir contre toi, le soir venu. J'ai rappelé sans savoir ce que j'allais lui dire, j'ai demandé Nadine Lavallée et elle a dit non, Duhamel. Je me suis excusée, puis j'ai raccroché. Jamais je n'ai su qui était Nadine Duhamel.

Le dernier événement, qui a suivi de près celui du coup de téléphone, a pris la forme d'un message apparu dans ton Outlook, un matin glacé de décembre. Je m'habillais à côté de ton lit, les yeux rivés comme les tiens à l'écran de ton ordinateur où défilait ton courrier habituel du matin que tu lisais un café à la main avant même de prendre ton petit déjeuner. Tu avais toujours entre vingt et trente messages parmi lesquels s'en trouvaient deux ou trois qui provenaient de tes amis.

Ce matin-là j'ai immédiatement repéré l'adresse de Nadine parmi les autres, je savais que c'était la sienne même si je ne la connaissais pas parce que son nom y était inscrit en entier : nadinelavallee@hotmail.com. Son adresse était située au milieu du peloton, en dixième position environ. À ce moment il m'a semblé que la vitesse avec laquelle tu ouvrais les messages pour les refermer aussitôt et pour passer à un autre que tu regardais à peine indiquait que tu l'avais vue aussi et que sa présence te déconcentrait au point d'être incapable de t'attarder sur ce qui précédait ; Nadine te brouillait la vue, elle devançait tout le monde. Ce message était la première manifestation de ton ex depuis un an. La glace venait d'être brisée, ça voulait dire que tu pourrais lui répondre, ça voulait dire aussi que la prochaine fois que vous vous croiseriez au Bily Kun ou à la SAT, par exemple, vous pourriez vous saluer et même parler au nom du message qui mettait fin à votre guerre froide.

En repérant son nom sur ton écran, je me suis immobilisée, le pantalon monté à mi-cuisse, puis j'ai laissé descendre mes bras de chaque côté de mon corps. D'un seul coup je me suis trouvée à la fois grosse et petite avec mes bras ballants et mon pantalon à moitié descendus devant le surgissement pourtant si attendu de Nadine dans ce matin froid de décembre j'avais perdu les moyens de la décence ; dehors s'est fait entendre le choc d'une rafale de vent contre ta fenêtre, c'était la force d'intrusion du monde extérieur qui voulait nous séparer. Je me suis avancée de quelques pas vers ton écran où je me suis tenue comme on se tient devant le bilan des morts d'un attentat aux nouvelles du soir.

Dans ce message elle t'informait d'abord de l'existence d'un nouveau journal indépendant avec lequel tu pourrais vouloir collaborer, ensuite elle soulignait tes grandes qualités d'écriture et de cynisme précisément recherchées par ce nouveau journal, puis à la fin, elle t'embrassait.

Ce jour-là je suis restée hébétée, il me semblait que la folie qui me grondait la tête ne devait pas verser dehors, il me semblait que la réalité devait s'y opposer et ne pas plier. Je me souviens de cet après-midi-là passé à lire et à relire son message comme pour y trouver des raisons de ne pas m'en faire.

Dans ton ordinateur tu avais stocké des photos d'elle nue que tu as toujours refusé de me montrer, une dizaine peut-être sur lesquelles tu repassais de temps en temps, m'as-tu confié sans expliquer ce que repasser voulait dire au juste : repasser pour vérifier que tout est bien en ordre, repasser comme on se branle, repasser pour déterrer un détail laissé dans l'ombre, pour enlever les plis et se rafraîchir la mémoire, repasser par réflexe professionnel du journaliste qui ne veut aucune coquille dans son travail, repasser pour t'inspirer des histoires à raconter ou par acquit de conscience, par principe, par manie, repasser pour lui rendre visite, pour flatter de la main, pour apprivoiser la bête.

Ces photos, je les ai cherchées chaque fois que tu

avais le dos tourné mais je n'ai jamais eu le temps de mettre la main dessus. Aujourd'hui elles me paraissent bien trop chargées, sur elles doivent se repérer toutes ces clés qui m'ont manqué pour t'attacher à moi, et quelque chose me dit qu'elles contiennent aussi les codes secrets de la cabale. Quand je pense à elle, je ne me sens pas belle, j'ai inventé une prière pour qu'elle rencontre vite l'homme de sa vie, pour qu'elle parte loin d'ici.

Quand je vais mourir, je ne veux pas qu'elle soit dans le coin.

Le jour où tu m'as quittée, tu as évoqué la déprime annuelle de février massivement vécue au Québec pour laquelle les médecins se mobilisent en multipliant les ordonnances d'antidépresseurs. Tu as dit que c'était peut-être le manque d'ensoleillement qui t'avait détourné de moi, tu as dit aussi que sur la route de l'été qui commençait en mai ou juin selon les années tu me redécouvrirais sans doute, enfin que l'apparition des bourgeons te donnerait envie de prendre de mes nouvelles. Quand on n'aime plus quelqu'un, on l'entretient de la température, on lui dit qui sait si un jour, on le renvoie à la prochaine ; la gravité des vrais adieux est réservée aux femmes qu'on aime encore.

Cet hiver-là on est également entrés dans l'épreuve du quotidien, pour nous elle a été fatale. Tous les deux on était faits pour les commencements, pour les montées et la fuite vers le mieux. Pour réussir en amour de nos jours, il faut savoir partir à temps, il faut tenir les valises dans l'entrée. Dans mon cas les défauts étaient grands et te regardaient de près, ils consistaient à me tenir à tes côtés pour te surveiller et à écarter les autres,

125

pour moi l'amour voulait dire sauver ma peau en t'éloignant des femmes.

À ce moment je travaillais peu et je passais presque tout mon temps chez toi. Chez moi j'étais devenue une étrangère, je ne reconnaissais plus mes meubles et ne retrouvais plus l'emplacement des conserves dans les placards, les murs en pierres de mon appartement m'accablaient alors que tous les Montréalais les recherchaient. Chez toi aussi j'étais une étrangère. Ta chatte Oréo me faisait peur parce que tu la caressais en l'appelant mon chat, ton ordinateur me faisait peur parce qu'il contenait l'historique de tes décharges et d'entendre ton téléphone sonner me faisait peur parce que les rendez-vous pris à la dernière minute pouvaient signifier mon congédiement. Quand JP venait pour vos jeux vidéo en duo qui vous occupaient jusque tard dans la nuit, tu me renvoyais chez moi.

D'avoir prévu ma mort depuis l'âge de quinze ans ne m'a protégée de rien cet hiver-là ; j'étais comme mon grand-père qui est mort à cent un ans dans des grimaces de défi lancé au monde invisible qui voulait s'en emparer. Au dernier moment dans sa chambre d'hôpital où enfants et petits-enfants l'entouraient, il s'est relevé en hurlant, il s'est accroché les doigts tordus par la rage au bras de mon père en fixant le plafond. Plus tard mon père a dit qu'en expirant il avait eu l'air d'un exorcisé, il a dit que mon grand-père avait peut-être trompé toute la famille en proférant la parole du Diable et non celle de Dieu.

Martine ta colocataire qui travaillait également peu était toujours là, l'hiver nous retenait à l'intérieur, on se serrait les coudes dans le désœuvrement. Martine soufflait du verre et chez toi il y avait de la vaisselle soufflée par elle qui traînait partout, il y avait des centaines de boules de Noël en verre qui pendaient au plafond, elle t'avait même fait une bague que j'ai jetée un jour par ta fenêtre. De ton côté tu vivais à longueur de journée attablé à ton ordinateur pour écrire tes articles, tu restais toute la journée dans ta chambre ou encore tu te sauvais, ton portable sous le bras, écrire dans un des cafés du Plateau ; le plus souvent tu allais à l'Eldorado mais de rares fois tu te poussais jusqu'au Mile End pour écrire à l'Olympico. Tu disais que là-bas d'autres journalistes écrivaient aussi, tu disais que les journalistes aimaient se tenir à l'œil, qu'ils se parlaient sans dévoiler leurs idées. Souvent on reprenait sur la chaîne radiophonique de Radio-Canada tes propos parus le matin dans *Le Journal* sans prendre la peine de te citer, on s'appropriait ton bien ; dans ton monde, la circulation frauduleuse d'informations était monnaie courante.

Ta colocataire Martine était de la catégorie des potes, elle recevait tes claques sur l'épaule dans la bonne humeur. Parfois vous sortiez au resto même si tu savais que le temps passé à vous attendre en imaginant le pire de vous deux et de vos pieds qui pourraient se jouer l'un de l'autre sous la table me tuait, tu ne voulais pas céder à mon chantage. Toi et Martine aviez tous les deux convenu qu'une amitié réelle exigeait des sorties, faute de quoi vous resteriez de stricts colocataires. Vous aviez également convenu qu'une réelle amitié devait se passer de la douce moitié de l'autre, selon vous on était tous des individus à part entière ; vous étiez contre l'aliénation en amour et vous détestiez les banlieusards qui copulaient pour fonder une famille et qui prévoyaient pour leurs enfants une arrière-cour. Pour être un habitant du Plateau, en corps et en esprit, il fallait défendre une certaine vision des choses qui était celle des carriéristes, il fallait suivre ses priorités qui étaient toujours soi-même.

D'autres fois encore tu sortais avec Annie, ton autre brunette d'ex dont l'amour trop grand t'avait empêché de l'aimer mais dont je me méfiais aussi : une fois libérée de ton emprise elle commencerait peut-être à te plaire. Dans le passé, ce genre de renversement s'est déjà vu, c'est même un grand classique. Souvent j'ai voulu me libérer de toi pour que tu me rattrapes mais ça ne fonctionnait pas, peut-être que depuis la loi du silence des tarots de ma tante sur mon existence je marche à l'envers des autres.

D'autres fois encore cet hiver-là on sortait tous les deux au resto, toujours sur le Plateau. Ces quelques sorties ont été les derniers moments de bonheur avec toi, peut-être parce que tu décrochais de l'écran de ton ordinateur et que tu me regardais longuement en me baisant les mains. Une fois tu as même quitté ton siège pour m'embrasser au-dessus de la table et quand tu as posé tes lèvres sur les miennes, les gens autour ont gardé le silence en baissant les yeux comme devant les curés qui font monter le corps du Christ au-dessus de leur tête. Que la vie autour s'agenouille pour reconnaître notre amour m'a rendue si heureuse que j'en ai payé l'addition. Je savais que tu n'aimais pas les effusions en public, d'ailleurs pendant les cinq années passées au Québec ta réserve d'Européen ne t'avait lâché qu'à de rares moments.

128

Si Nadine n'était pas réapparue un matin de décembre dans ton Outlook, la petite famille de ta colocataire, de ton ex Annie et de moi aurait peut-être pu tenir en équilibre mais Nadine pesait trop dans la balance. Dans le passé elle t'avait vaincu et ça lui donnait du poids, elle écrasait même celles qui prétendaient vivre à tes côtés. Quand tu parlais de Nadine, tu devais t'asseoir. Quand JP disait l'avoir vue quelque part en ville, curieusement tu regardais les paumes de tes mains comme si tu constatais qu'elle venait de t'échapper.

Il n'est pas possible que vous ne vous soyez pas aimés, elle et toi, dans le parc Lafontaine encadré dans la fenêtre de ta chambre. Ce parc était mon parc préféré avant de te connaître et maintenant qu'il t'appartient, il n'est plus fréquentable, sa grandeur me rappelle trop la tienne. C'est le parc des couples qui marchent en silence et des écureuils habitués au bruit des voitures, c'est aussi le parc des homosexuels et des petits enfants. L'été la vie y est très belle pour tous ceux dont le métier est de garder la forme, je dis ça parce que je m'y suis fait bronzer des étés entiers en attendant mes clients pour qui je louais un studio au coin de la rue Sherbrooke et de la rue Amherst. J'ai dû l'abandonner sans même récupérer mes affaires parce que les voisins m'avaient dénoncée à la police. Par acquit de conscience ces mêmes voisins m'ont tout de suite prévenue de la dénonciation, il fallait faire vite, descendre de mes talons aiguilles et prendre la porte, ils voulaient sans doute me voir partir sans compromettre mon avenir, j'étais étudiante et être étudiante émeut, ça rappelle le bon vieux temps. Depuis je me demande ce qu'il est advenu de mes *Achille Talon* et des cinq cents dollars cachés sous les ronds de la cuisinière, je suppose qu'ils ont dû être emportés avec le four dans un dépotoir. Quand je pense à cette période de ma vie, je regrette tout ce que j'ai pu en dire dans mon premier livre, aujourd'hui ma mémoire penche en sa faveur.

Pendant tes sorties au resto avec Annie ou Martine, je perdais la carte, souvent j'allais dans le parc Lafontaine. Le froid intense de l'hiver ne m'arrêtait pas. Rien au monde ne peut arrêter la folie qui fonce droit devant, on dit que les gens qui la voient venir s'en écartent pour ne pas être fauchés raides et que les Malais ont trouvé un mot pour désigner son passage aveugle en trombe : *amok*. Cet hiver-là j'ai visité tous les endroits où tu as pu aimer Nadine dans la chaleur des soirs d'été que vous avez pu passer ensemble, ces petits coins noirs où tu as pu l'enculer en intégrant sa merde à la nature et en n'étant vus que des connaisseurs du parc. Il paraît que les voyeurs se rapprochent des couples qui s'aiment avec des longues-vues et qu'ils se cachent derrière les rideaux des fenêtres des appartements adjacents, il paraît que dans le parc des couples pratiquent tous les jours l'exhibitionnisme, c'est toi-même qui me l'as dit. J'y ai repéré tous les arbres derrière lesquels vous avez pu être vus, en retrait des sentiers par exemple qui contournent le lac central où pagaye l'ennui des gens qui sortent en famille. Je me demande pourquoi les arbres doivent servir à ça encore aujourd'hui, à me laisser voir ce qu'ils auraient dû me cacher. On devrait admettre que la voyance qui ne concerne que le passé fait partie des maladies mentales. Le jour qui a suivi l'arrivée du message de Nadine dans ton Outlook où elle t'invitait, après huit mois de silence, à reprendre contact avec elle, j'ai bloqué son adresse électronique. Le lendemain, tu t'en es aperçu et tu as redressé la situation en m'interdisant d'un mot de passe l'accès à ton ordinateur, tu as réclamé ton droit à la vie privée. Pour trouver ton mot de passe j'ai écrit le nom de toutes les femmes que tu avais connues et pour finir ton ordinateur m'a ouvert ses portes sous le commandement d'un nom, c'était celui de ta chatte Oréo.

Aujourd'hui il me semble que dans les récits que tu me faisais de tes sorties le nom d'Annie était prononcé trop consciencieusement, il me semble que tu prononçais son nom comme si ta bouche, accordée à la vérité, avait voulu dire autre chose comme Nadine et qu'il t'avait fallu resserrer la bride. Tous les psychiatres savent que la folie est une affaire de mémoire qui sort de son lit et qui attribue aux gens le don d'ubiquité, ils savent tous qu'on peut très bien se souvenir de ce qui n'a jamais eu lieu dans les détails. Si mon grand-père vivait toujours, il pourrait me dire que tous les arbres du parc Lafontaine, y compris les plus grands, seront abattus un jour parce que la toxicité de la ville aura fini par pervertir le processus de photosynthèse et créer des mutations de bourgeons où la peste des pestes trouvera sa forme la plus meurtrière, menaçant de faire son travail d'épuration parmi les hommes. Moi je dis que si un jour les arbres du parc sont abattus, ce ne sera pas par la main de Dieu, ce ne sera pas parce qu'ils portent en eux le germe de la décadence urbaine mais parce que j'aurai fait le travail moi-même.

Un jour où tu étais sorti et où je pleurais sur ton lit,

j'ai battu ta chatte Oréo qui te réclamait en miaulements traînants, je l'ai fait parce qu'il me semblait qu'elle devait se ranger à mes côtés. Il me semblait qu'il lui fallait considérer ma présence et comprendre que devant la souffrance humaine il convient de se taire. Depuis ce jour Oréo ne t'a plus réclamé, elle n'a plus cherché ton odeur sur la chaise de ton bureau, elle n'a plus été à l'écoute de ton retour dans les craquements qui emplissaient ton appartement, désormais elle venait s'allonger sur le rebord de ta fenêtre pour me regarder regarder dehors. Ce n'était pas l'amour qui l'habitait mais la peur, ces jours-là elle savait peut-être que je pensais que tu étais avec une autre et que ça voulait dire que ma vengeance pourrait bien s'abattre sur elle ; les chats sont comme les enfants, ils savent d'instinct que par souci d'efficacité les plus grands s'en prennent aux plus petits. De tous les êtres vivants de ton monde c'est Oréo qui a été le plus proche témoin de mon déses-poir. Son regard n'était pas suffisamment critique pour me rappeler à l'ordre, avec elle, je n'avais aucune raison de me maintenir à l'intérieur des limites de ma propre espèce et de projeter une image humaine, elle était comme moi, elle n'avait pas de dignité à mettre en jeu.

Que ma seule occupation ait été celle de l'agonie ne la choquait pas, je pouvais gémir ou faire la morte, mordre la poussière face contre le plancher en bois franc de ta chambre et garder les yeux ouverts sur les efforts d'une fourmi pour retrouver son chemin parmi tes livres et les verres en verre soufflés par Martine que tu remplis-sais de mégots de cigarettes. Je pouvais me bercer pen-dant des heures et me frapper le front avec la paume de la main, tracer au stylo bleu la carte du plateau

Mont-Royal sur ma cuisse et parcourir au stylo rouge tous les chemins qui auraient pu te mener jusqu'au parc Lafontaine. Même en compagnie d'Oréo j'étais toujours seule, chacune dans notre tête, on pensait à toi. Chaque fois que tu rentrais de tes sorties, tu me disais être allé au restaurant en toute amitié avec Martine ou Annie ou encore à l'Eldorado ou à l'Olympico à écrire tes articles pour *Le Journal*, mais tu aurais pu être n'importe où. Le problème entre nous n'était peut-être pas Martine ou Annie ni ton métier mais l'alibi que représentaient Martine ou Annie ou ton métier. Dans tous les articles sur l'infidélité du *Elle Québec*, les psychologues tiennent compte des effets de la distance sur le couple mais ils ne mentionnent jamais que dans l'imagination des partenaires laissés dans le doute l'éloignement géographique n'existe pas, ils ne disent jamais que les yeux des jaloux ramènent en face d'eux les lieux les plus lointains ; personne ne dit jamais dans ces revues que la vigilance des jaloux fait éclater la matière ni qu'elle les fait voyager dans le temps.

Un jour mon grand-père m'a dit que, dans la vie, ce que l'on redoute le plus est déjà arrivé, il m'a dit beaucoup de choses de ce genre parce qu'il voulait mon bien et que vouloir mon bien voulait surtout dire me préparer au pire.

*
* *

Le jour de ton départ qui depuis se poursuit de mon côté, on s'est entendus comme s'entendent ceux qui n'ont plus rien à se dire. On se trouvait dans ta chambre et Martine se trouvait dans la sienne, ta chatte Oréo dormait en boule sur la chaise de ton bureau. Ce jour-là on a longuement parlé, on s'est dit autant de choses que le soir de notre première rencontre à Nova mais on ne s'écoutait qu'à moitié, peut-être parce qu'à ce moment on n'avait que trop l'habitude des répliques de l'autre qui avaient pris avec le temps des allures de ritournelles, peut-être parce que mes larmes nous parasitaient en mettant trop d'espace entre les mots, peut-être aussi parce qu'on était tous les deux devenus très égoïstes, tu ne pensais qu'à te libérer de moi et moi qu'à rester près de toi. On a fait la paix par avance dans un pacte de non-agression qui signifiait le droit à la vie privée de l'autre. Une fois séparés, tu avais le droit de te protéger de mes intrusions, d'ailleurs ce jour-là tu m'as parlé des clés de ton appartement que j'aurais pu avoir doublées sans que tu l'aies su, tu ne voulais pas me voir arriver par la porte d'en arrière. Dans le futur les choses entre nous devaient être claires de la clarté des protocoles, elles devaient pouvoir s'interpréter en codes sociaux, c'était une question d'économie d'énergie et de standing. En cas de rencontres inopinées dans les bars ou dans les restos du Plateau, il fallait devant l'autre se tenir dans la courtoisie des étrangers qui se serrent la main. Que tu sois avec une autre femme en public ne me permettait pas de l'aborder et que je sois seule en public ne signifiait pas que tu m'adresserais la parole. Ce jour-là Josée m'attendait en face de chez toi dans le parc Lafontaine et sa présence, même lointaine, te contrariait parce qu'elle s'imposait en témoin de quelque chose qui ne la regardait pas ; je lui avais demandé de faire le guet pour me ramasser quand je sortirais de nos adieux, c'est elle qui devait conduire. Peut-être as-tu compris plus tard qu'elle m'avait également servi à ne jamais savoir si tu voulais me baiser une dernière fois. C'est dans la même peur du geste que je pourrais attendre et que tu risquais de ne pas poser que j'ai bloqué ton adresse électronique ; depuis le message de Nadine du mois de décembre dernier, le malheur arrivait toujours par le Net.

Ce jour-là on s'est peu regardés, moi parce qu'il ne fallait pas que mon visage rougi par les larmes devienne ton dernier souvenir et toi à cause de la distance qu'impose la détresse des autres. Pourtant tu me serrais les mains très fort dans les tiennes, tes mains laissaient passer cette volonté de fer sur le monde autour, cette force de contrôle qui m'avait fait plier dès nos débuts : tes mains me rappelaient l'homme qui m'avait aimée au chalet de mon grand-père. Un jour tu avais remarqué qu'avec le temps nos disputes avaient fini par se régler sur des pas de danse qui nous sortaient de ta chambre pour nous mener vers la porte d'entrée de ton appartement où on s'embrassait avant de retourner dans ta chambre pour baiser. À ça j'ai ajouté que tu fermais les yeux chaque fois que je te caressais la joue alors que j'ouvrais la bouche chaque fois que tu m'empoignais la nuque, j'ai dit aussi qu'on avait l'un pour l'autre des réponses toutes prêtes, qu'on était deux pièces emboîtées d'un même puzzle ; pour moi c'était le signe d'une compatibilité parfaite mais ce n'était peut-être rien du tout, tous les moments d'émerveillement que j'ai eus dans ma vie ont été démentis par la suite.

Pendant un temps tu m'aimais mais tu n'aimais pas me voir pleurer, tu croyais qu'il fallait garder au-dedans de soi l'intimité de ses écoulements, au fond ça se comprend quand on pense aux visages des pendus qu'on met dans un sac. Tu disais que si on pouvait laisser les enfants pleurer, en aucun cas on ne devait les laisser se justifier ou seulement une fois qu'ils avaient repris leurs esprits, tu disais que se justifier entraînait trop souvent la parole vers les aigus, vers le théâtre naturel aux femmes, se justifier voulait dire se justifier de tout et même de la bassesse, des geigne-ments et de la morve, se justifier voulait dire faire le compte des peines passées dans la misère du corps qui s'étale alors que l'étalement obligeait le public à consentir en y trempant les pieds, se justifier haussait le ton ou, pire, relançait tous les débats, se justifier ne cadrait pas avec ton attitude française qui voulait dire garder son calme. Ce jour-là on s'est peu regardés et j'ai beaucoup pleuré, j'ai voulu mettre dans ma façon de m'effondrer, la tête perdue dans le col de ta che-mise, un peu de ta réserve d'Européen mais comme toujours je n'y suis pas arrivée, comme toujours, je suis restée de mon côté de l'Atlantique.

À un moment j'ai même laissé échapper un son qui s'est prolongé malgré moi en prenant de plus en plus de force, un son qui avait attendu ce jour précis pour partir du fond de mes années de ténèbres à mal aimer des hommes qui m'ont mal aimée en retour et recou-vrir ta poitrine comme une brûlure ; c'était d'abord un son rauque et traînant, une plainte animale qui n'avait rien du sanglot et qui a fini en un véritable appel à la mort. À ce moment tout s'est arrêté, je me suis soudain rappelé cette même scène vécue avec toi alors qu'on venait de se rencontrer ; ce hurlement avait déjà eu lieu et sa répétition implacable m'a fait taire une fois pour toutes. À ce moment aussi tu t'es écarté de moi, sans doute pour la même raison, tu t'es levé dans une brusquerie qui a délogé Oréo de la chaise de ton bureau. Ne voulant pas te regarder dans les yeux, j'ai regardé tes pieds. Mon hurlement avait tracé une ligne infranchissable entre nous, en hurlant je venais de sonner le glas de notre histoire. Tu as dit des paroles que tu avais déjà prononcées en d'autres circonstances et je suis partie, je savais que plus jamais on ne se reparlerait.

Aujourd'hui je voudrais que tu saches que, dans tout ce que j'ai fait depuis ton départ, j'y ai mis du tien, par exemple dans la porno du Net qui m'a tenu compagnie et au Cinéma L'Amour ; sache aussi que me tuer sera une façon de triompher du poids de la France que tu m'as fait porter.

Quand on parlait de sujets que tu connaissais bien, tu parlais avec ton accent de Français, tu parlais fort et c'est pour ça qu'aujourd'hui je pense encore à tout ce que tu m'as dit. Tu me tenais par le cou et c'est pour ça que ma vie s'est resserrée à tes pieds, c'est aussi pour ça que le jour de ton départ je t'ai suivi. Tu possédais des forces cosmiques qui influençaient gravement le monde autour de toi mais tu les méconnaissais parce qu'elles avaient été étudiées par ton père. Quand je pense à ton père, je pense aussi à ta mère qui a porté ta grandeur à terme et qui, au bout de ses neuf mois de grossesse où tu as défoncé les limites de l'espace permis dans un corps humain, a peut-être souffert de ton passage forcé par tes pas de géant déjà trop décidés et d'où sont peut-être sorties des rafales de vent. Peut-être qu'à l'hôpital le médecin et les infirmières ont dû se protéger de toi en quittant la chambre, peut-être ont-ils dû, sous l'injonction de ton regard déjà noir de détermination, te laisser te prendre en charge toi-même. Du coup je me souviens que ta mère faisait également six pieds et que dans ta famille tout le monde faisait six pieds, je me demande si la grandeur d'une personne peut élever sa vision du monde, dans ce cas il va falloir que tu te penches pour me lire. De toute façon les chances que te parvienne cette lettre sont minces parce qu'il n'est pas question que je te l'envoie dans ton Outlook, je préfère encore la bouteille à la mer. Peut-être qu'un autre homme la trouvera sur le Plateau, peut-être qu'il y reconnaîtra l'écriture de son ex, les ex ont souvent en commun d'être importune.

La fin arrive quand on vit du sabotage de sa propre personne et quand, sous un soleil d'été, on souffre parce que le temps ne tient pas compte des états d'esprit. Le printemps dernier j'en ai voulu au beau temps parce qu'il me faisait voir que tu te portais bien, le printemps tu te portais toujours bien, tu sortais tous les soirs pour rencontrer des gens, c'était ta saison des amours. Tu n'as jamais su sous quel signe du zodiaque j'étais née, tu te moquais des gens qui considéraient le signe des autres avant de se lancer en amour ou pire encore avant de s'engager dans une collaboration profession-nelle. Ce genre de croyances était surtout une histoire de filles, les filles avaient un penchant pour la magie rattachée aux nombres et aux naissances, pour rire tu disais que c'était parce qu'elles venaient de Vénus. Savoir mon signe du zodiaque n'aurait rien changé à notre histoire. Les grandes prédictions ne se réalisent qu'au cours des siècles suivant les grandes prédictions, elles apparaissent à rebours, dans l'après-coup du ah c'était donc ça. Quand ma mort arrivera, on lira peut-être cette lettre, on y verra une prédiction.

Il m'a fallu plusieurs années avant de comprendre que j'étais définitivement installée dans l'ascendance de mon grand-père. Alors qu'on était amoureux, alors que tout allait bien entre nous, je suis tombée malade, j'ai commencé à avoir des visions. Si je faisais partie de n'importe quelle autre espèce animale, il y a longtemps qu'on m'aurait laissée crever tranquille, les animaux ont parfois plus de cœur que les hommes, ils ne trouvent pas de remèdes pour ressusciter leurs morts. De nos jours les enfants servent à toutes sortes de choses et surtout à porter les désillusions des adultes, ils servent également à développer des centaines d'allergies qui alertent ensuite leurs parents sur le déclin de leurs propres gènes. Ma famille était catholique mais tous mes voisins pensaient autrement, ils disaient que, dans le monde, il n'y avait que les vaincus pour scénariser la défaite des autres ; mes voisins ne s'en faisaient pas tant avec la vie, ils aspiraient à la réussite et s'intéressaient à la politique. Si aujourd'hui je ne leur ressemble pas, c'est parce que les enfants ne retiennent rien des voisins, pour une fois qu'un lieu commun dit entièrement vrai.

Seul mon grand-père avait le droit de parole dans la famille ; mon grand-père avait tout simplement une voix et elle s'élevait au-dessus des autres. Pendant toute mon enfance mon père ne parlait qu'au nom de son père, il disait toujours mon père a dit ceci et mon père a dit cela, en plus il levait les yeux au ciel quand il parlait et on ne savait jamais vraiment à qui il s'adressait ; mon père ne parlait pas, il citait.

Mon père a été le porte-parole fidèle de son père jusqu'au jour où mon grand-père a décidé de s'occuper de mon éducation en me prenant chez lui deux jours par semaine pour revoir du début mes leçons sur la vie. Mon grand-père me voyait aller, il me trouvait mal élevée. Ils se sont disputé ma garde – c'était la première fois que mon père défiait son père –, mais les deux savaient très bien qui des deux était le vrai père. Mon père m'a donc laissée tomber. À cette période-là j'avais déjà passé l'âge de m'asseoir sur ses genoux et je ne lui disais donc plus rien, le jour où il a baissé les bras, je suis devenue la fille de mon grand-père.

Pendant cinq ans j'ai passé toutes mes fins de semaine avec mon grand-père dans sa petite maison de campagne à écouter ce qu'il avait à dire sur tout, et quand je revenais dans la maison de mes parents, je voulais raconter à mon père ce que mon grand-père m'avait dit mais il n'en était pas question, mon père respectait l'ordre de transmission de la parole dans sa lignée. Mon grand-père m'amenait à l'église tous les dimanches matin où il portait mon attention sur mes parents qui n'étaient jamais là. Il disait qu'au Québec Dieu était mort plus vite qu'en Europe, il disait qu'en Europe Dieu avait agonisé pendant plusieurs siècles alors qu'ici il était mort subitement. Ici on l'avait carrément abattu, d'ailleurs son cadavre était encore chaud, la preuve en était qu'on retrouvait des curés hypocrites et abuseurs d'enfants dans tous les télé-romans.

Chez mon grand-père il y avait une trappe à linge sale dans l'escalier en bois qui menait à la cave où se trouvaient une laveuse et une sécheuse, un divan puis une télévision, s'y trouvaient aussi un atelier et une cordée de bûches qui servaient à chauffer la maison ; la cave de mon grand-père était un endroit très fréquenté. Il paraît que ma grand-mère y passait ses journées et qu'elle était toujours enceinte, à une certaine époque les femmes enceintes se cachaient dans les caves, c'était une question de pesanteur. Dans l'escalier en bois qui menait à la cave, il y avait une marche qui s'ouvrait à l'aide d'une chaînette et dans laquelle on lâchait le linge sale qui s'accumulait dans un trou d'où on pouvait sortir par une petite porte sur le côté de l'escalier, on l'appelait la Cage. Quand j'étais enfant, elle me paraissait grande, dans le temps elle pouvait contenir plusieurs enfants, d'ailleurs mes cousines et moi avons passé beaucoup de temps là-dedans à papoter et à nous conter des peurs, là-dedans on se sentait en club privé.

Chaque fois que j'allais chez mon grand-père et qu'il me laissait à moi-même, j'allais me cacher dans la Cage. Elle indiquait la possibilité d'une vie secrète, elle indiquait que dans la vie on pouvait faire des choses à l'abri des autres et que la honte avait donc une place.

Un jour dans les derniers que j'ai passés avec mon grand-père, j'ai voulu aller dans la Cage, mais à ma grande surprise, mon grand-père s'y trouvait déjà, il y

pleurait en silence. J'ai su des années plus tard que
mon grand-père pleurait rarement mais que chaque fois
que ça arrivait il pleurait dans la Cage. Quand ce jour-là
j'ai vu mon grand-père pleurer, j'ai pris conscience de
l'odeur qui m'a frappée d'un coup : la Cage puait.

*

* *

Ma folie te dépassait, elle te jetait par terre. Tu détestais ma façon de me déclarer faible et de parler des
autres en termes de danger, tu disais que pour moi les
autres rayonnaient trop et que je devais m'en protéger
en les regardant de loin. D'ailleurs au Bily Kun j'avais
tendance à finir les soirées dans un coin, en moi il
y avait un élan naturel de retrait, la génuflexion venait
toute seule. Je cédais la place à qui la voulait, au Bily
Kun je disparaissais chaque fois qu'une de tes ex venait
te parler, souvent j'allais dans les toilettes où je me
prenais la tête dans les mains. Dans ces moments-là la
coke m'apportait de l'aide, ça me convainquait de ton
bon droit. À un stade de notre histoire tu en as eu assez
de venir me chercher pour me tirer de mon renfrogne-
ment, tu me laissais faire ; chaque fois je savais que tu
pensais au sourire de Nadine qui lui donnait en public
une grande visibilité et autour duquel on se regroupait
en masse. Pour toi cette attitude était de l'envie et pour
moi, c'était de la survie. Pour survivre les cafards restent dans l'ombre, ils savent que dans la lumière du
jour, leur laideur insupporte.

Tu détestais mon habitude d'invoquer le pire dans tout, le pire dans les fous rires et dans les chasses à l'homme autour d'une table quand l'un veut chatouiller l'autre, le pire dans les jouets d'enfants dont les fabricants ont dû évaluer le potentiel à s'enflammer et déterminer le moment de l'explosion à cause des risques de procès et même le pire dans le pire quand pour fuir la solitude on doit endurer le bonheur au grand jour des couples qui sortent au printemps. Mon grand-père voyait d'un mauvais œil les amoureux qui s'embrassaient sur les bancs publics, pour lui c'était de la perversion, pour moi de la persécution.

Tu détestais mon défaitisme qui s'opposait à ton colonialisme, par contre tu aimais que mon livre se soit bien vendu en France, c'était le signe que j'étais sortie du troupeau. Tu détestais ma façon de faire des reproches mais tu aimais que les Français aient aimé mon livre. Tu ne savais pas encore que si la destruction se vendait partout elle pouvait également sortir des livres. Pour toi écrire voulait seulement dire écrire et non mourir au quotidien, écrire voulait dire l'histoire bien ficelée de l'information et non la torture, à cet égard tu disais que ton journalisme était efficace et mon écriture, nocive. Pour toi écrire voulait aussi dire faire des recherches sur le Net, c'était une partie de plaisir. Tu n'aimais pas mon livre mais tu aimais mon succès, pour toi il n'y avait pas de liens entre les deux. En moi tu voyais une porte ouverte, tu te voyais à ma place.

Les raisons de mourir ont varié selon les hommes qui sont entrés dans ma vie. Le jour de mes trente ans comme date limite a été fixé depuis longtemps mais les motifs ont bougé, ils sont passés de la leçon à donner aux autres en donnant l'exemple à l'obéissance aux autres en se soustrayant ; entre la tyrannie et la servilité, je ne sais pas où me situer : avant de mourir j'aurais aimé pouvoir trancher. En ce qui te concerne, je me tuerai pour te donner raison, pour me plier à ta supériorité, je me tuerai aussi pour te faire taire et imposer le respect. Personne ne peut s'en prendre à une morte parce que les morts coupent le souffle, devant eux on marche sur des œufs. Sur un mur de mon appartement j'ai planté un énorme clou pour me pendre. Pour me pendre je mélangerai de l'alcool et des calmants et pour être certaine de ne pas m'endormir avant de me pendre, je me soûlerai debout sur une chaise, je me soûlerai la corde au cou jusqu'à la perte de conscience. Quand la mort viendra, je ne veux pas être là.

Aussi je mourrai parce que pour être aimée des autres il m'aurait fallu sourire. Je mourrai pour démontrer que le sourire est une façon de s'économiser comme le sommeil. Tu m'aimais mais tu détestais la tristesse sur mes lèvres fermées qui perdurait dans les moments heureux comme l'odeur du corps sous celle de la lavande. Bien sûr il m'arrivait de sourire mais le sourire des gens tristes a toujours quelque chose de laborieux, il met du temps à venir, ça ressemble aux poulains à peine sortis du ventre de leurs mères qui tentent de tenir debout ; pour y arriver, ils doivent s'y prendre à plusieurs reprises, et devant leurs mères désemparées, ils titubent, ils se cassent la gueule. Un jour d'anniversaire où j'avais dans les bras une nouvelle poupée, ma mère m'a frappée parce qu'elle en avait assez d'attendre la joie. Très tôt j'ai compris que dans la vie il fallait être heureux; depuis je vis sous pression.

Le soir de Nova on était tous les deux accompagnés. Annie dont tu ne t'occupais pas se tenait à tes côtés et je me tenais aux côtés d'Adam que tu connaissais bien, un DJ blond en vogue, une star montante chez les DJ d'Orion qui était pour moi une baise d'occasion. Annie l'intriguait, sans doute parce qu'il cherchait sur son visage le désarroi d'être délaissée par toi comme on l'a cherché sur le mien chaque fois qu'une soirée se terminait sans que tu m'aies adressé la parole. Ce soir-là la fête ne m'intéressait pas et tu as dû me croire snob, tout le monde me croit snob alors que simplement je m'ennuie, je tombe ailleurs. C'est vrai que dans une soirée où tout le monde est sous ecstasy l'ennui peut passer pour un manque de fraternité.

C'est Adam qui a commencé la conversation. Il a d'abord parlé du festival techno de Lisbonne auquel on l'avait invité et tu as enchaîné sur l'euro qui avait fièrement surpassé le dollar américain. C'est à ce point précis que tout s'est joué entre nous, tu venais de trahir tes origines, tu affichais tes couleurs européennes qui se déployaient en contre-pied des Américains. Il t'a suffi de quelques mots pour me faire entendre ta voix de commandant et pour entraîner ma vie dans la tienne. Aujourd'hui je suis convaincue que c'est ta voix qui m'a eue, d'ailleurs tous les hommes que j'ai aimés avaient dans la voix l'épée tendue des guerriers ; aussi tous les hommes que j'ai aimés ont fini par me quitter, quand ils ne parlent pas, les guerriers deviennent des assassins.

Ce soir-là mon cœur n'était pas à la fête, comme on dit quand le bonheur des autres nous pèse, et pourtant, c'était véritablement ma fête, sur le coup de minuit ce soir-là je suis passée à vingt-neuf ans ; mon anniversaire me laissait froide, vingt-neuf ans n'étaient pas encore trente ans, d'ailleurs personne là-bas n'était au courant et je ne te l'ai annoncé que beaucoup plus tard, aux petites heures du matin. Malgré mon manque d'enthousiasme, je n'ai pas voulu partir parce que tu avais déjà parlé, pour moi c'était déjà trop tard. Parfois je jetais un œil sur Annie et la beauté enfantine de son visage me troublait. Je ne lui aurais pas donné plus de dix-huit ans ce soir-là, si elle avait été escorte à ce moment-là, elle aurait connu un grand succès. Elle aussi me regardait et voyait sans doute dans mes dix ans de plus une forme de supériorité. Ne sachant que faire dans cette conversation à quatre qui s'est très vite polarisée sur nous, elle écrasait sur sa poitrine un sac à main en paillettes rouges, superbement kitch, le genre de sac à main que j'avais moi-même l'habitude de porter quand je sortais. Ce sac était comme un lien entre nous deux, elle et moi devions nous ressembler sur le plan des accessoires.

Après Annie c'est Isabelle, l'ex d'Adam, qui captivait Adam, sans doute parce qu'elle ne s'en préoccupait pas et qu'elle dansait trop près d'un autre en soutenant son regard avec une moue qui ouvrait la porte au baiser. Isabelle était une sorte de Nadine en plus sadique, elle insultait tout le monde publiquement au lieu de les couvrir de compliments comme le faisait Nadine, sa méchanceté lui donnait un pouvoir de séduction supplémentaire. Disons qu'Adam n'était pas très différent de nous, lui aussi suivait à la trace son pattern qui lui faisait perdre pied en amour, d'ailleurs ce soir-là il en a oublié son aura de DJ et les chattes en file d'attente de ses groupies. Adam était comme moi, il était comme toi, il cherchait chez l'autre sexe son propre écrasement. Tous les deux on le regardait regarder Isabelle et que je ne sois pas jalouse ne cessait pas de t'étonner, mon grand calme que tu as peut-être rattaché à du snobisme t'a induit en erreur, tu m'as crue intouchable et ça t'a sexuellement motivé.

Tu m'as dit que devant ton ex, que tu croisais à l'occasion de soirées comme celle de Nova, tu agissais ainsi sans préciser ce qu'« ainsi » désignait. Entendre parler d'elle aurait dû signer mon départ de la soirée mais l'arrogance de chef de tes grands discours m'a obligée à te faire face, à considérer ta beauté d'homme d'autant plus grande qu'en général je ne trouve pas les hommes beaux. Cette beauté cherchait les mots pour me tirer vers elle et tu as beaucoup parlé, beaucoup trop au fond pour avoir voulu me séduire. Tu m'as expliqué ton insouciance en amour à moins d'aimer une femme encore plus insouciante que toi, tu m'as parlé du talent des femmes à se désintéresser des hommes qui s'intéressent trop à elles, tu m'as parlé de la confiance aveugle d'Annie qui te permettait de la tromper impunément et de ton projet de roman sur les sites pornos. Tu as dit des choses que plus tard j'ai regretté d'avoir entendues mais que ce soir-là j'ai reçues avec bienveillance et même avec encouragement, comme ces années de recherche passées sur le Net pour rendre vrai ton roman et les Girls Nextdoor que tu préférais aux Porn Stars. Tu m'as dit des choses très étonnantes que j'aurais pu avoir écrites, seulement, elles sortaient de ta bouche sans poésie, tu parlais à nu.

Pourtant j'y ai mis du mien et pas que ce soir-là, toi et moi avions le même champ d'intérêts, on partageait la même névrose, on réfléchissait sur le même terrain. Tu m'as dit que si on cherchait à couvrir de sperme le visage des femmes dans les films pornos, c'était parce qu'elles méritaient une bonne leçon et non parce qu'elles exigeaient des hommes la preuve matérielle de leur pouvoir de séduction. Selon toi, salir ne voulait pas dire rassurer, ça voulait dire rejeter sur l'autre sa propre faute, c'était remettre à sa place. Je t'ai répondu qu'en général les hommes supportaient mal d'obéir quand ils croyaient punir, je t'ai dit que les femmes avaient leurs façons retorses de parvenir à leurs fins en feignant d'être eues.

Ce soir-là on s'est dit bien des choses de cet ordre dans la bonne humeur parce qu'on venait de trouver notre âme sœur, dans nos salades, on était complices, on formait un couple prototype sur lequel notre entourage s'appuierait, ensemble, on irait loin. Quelques mois seulement après Nova on est entrés en guerre et tout ce qu'on s'était dit ce soir-là s'est retourné contre nous, c'est peu dire qu'on ne savait pas à quel point on

150

disait vrai. On est entrés en guerre et si tu l'as remportée, ce n'est pas parce que tu étais mieux armé mais parce que pour moi elle n'est toujours pas finie, gagner veut dire laisser tomber, gagner c'est avant tout oublier et laisser l'autre à son sentiment d'inachèvement.

Plus tard je me suis dit qu'à Nova tu avais dû penser des putes incluant les ex-putes comme moi la même chose que tout le monde, que devant une pute on pouvait tout dire, qu'en amour les putes n'avaient pas besoin qu'on procède par étapes parce qu'elles aimaient sans façons, là tout de suite, qu'en amour les putes inspiraient l'honnêteté et qu'elles savaient que la galanterie, quelle qu'elle soit, avait une queue, que les putes à l'écoute de la nature humaine connaissaient la misère comme les enfants pauvres connaissaient la famine, qu'en ayant déjà tout vu et tout entendu, qu'en ayant tout fait à tout le monde, elles étaient comme des grands frères, elles supportaient toutes les familiarités.

La soirée a atteint un sommet quand DJ Mouse a commencé à jouer, dans le loft sur le coup de minuit, il y avait plus de mille personnes. Ne connaissant pas très bien la techno je n'ai pas vu de différence entre la musique de Mouse et celle de Nivok qui venait de quitter le DJ-boot chargé de ses disques mais Mouse était une femme et voir une femme à l'œuvre remplace l'œuvre, c'est une question d'éclairage. Sur elle on entendait toutes sortes de choses, qu'elle aimait les ménages à trois par exemple, que son minois de brune ingénue attirait les caméras et lui faisait donc gagner beaucoup d'argent. Tu m'as dit d'elle qu'elle était très proche de

Nadine, que d'ailleurs tous les DJ de Montréal étaient proches de Nadine ainsi que toute la clientèle de la scène techno, aussi tu regrettais d'avoir été proche d'elle comme tout le monde parce que tu n'étais pas n'importe qui. Ce soir-là fut le dernier soir où je t'ai permis de me parler d'elle aussi longtemps ; à Nova tu as profité de l'indulgence qu'exigent les premières rencontres.

C'est au plus fort de la soirée qu'Annie est sortie de la foule pour venir à toi et te prendre à part, elle voulait te parler. Deux de ses amies que j'avais déjà vues à l'un ou à l'autre des after hours d'Orion, Adèle et Jacynthe, étaient là, elles observaient la scène en se la commentant à l'oreille. Déjà j'avais peur de te perdre mais c'est tout de même avec le plus large sourire que je suis partie au bar me chercher un verre pour vous laisser en tête à tête. Quand une heure plus tard je suis revenue, tu m'as regardée avec soulagement, toi et moi, on a eu peur que l'intrusion d'Annie provoque le décrochage de l'autre. À ce moment Annie tenait toujours son sac à main en paillettes rouges contre sa poitrine comme si elle avait voulu te cacher sa blessure ; Annie n'était pas comme moi, elle savait t'épargner, elle te préservait d'elle-même, elle prenait les moyens pour s'endiguer. Vous ne vous parliez plus, mon arrivée vous avait interrompus. On n'aurait pas pu dire qu'Annie avait l'air en colère, non, elle n'avait pas l'air de t'en vouloir, elle n'osait même plus me regarder ni même te regarder toi, elle regardait le plancher ou encore tes pieds comme si elle en attendait quelque chose mais se voyait sur ses traits cette peine immense des femmes qu'on aime bien, celles qu'on ne choisit jamais. Après quelques minutes de silence Annie s'est refondue dans la soirée en compagnie de ses amies avec cette tristesse sans nom des femmes qui ne connaissent de l'amour que les demi-mesures.

La soirée se poursuivait sans elle dans le vrombissement de la techno qui s'endurcissait dans les basses et nous, on se plaisait de plus belle. Adam cherchait toujours l'attention d'Isabelle, parfois il venait nous trouver pour discuter quelques minutes et pour m'embrasser rapidement la joue, mais ce n'était qu'une manière de montrer à Isabelle que lui aussi avait une vie. On a pris conscience que depuis le début de la soirée on était tous les deux face à face au milieu de la piste de danse où les gens de plus en plus nombreux dansaient avec l'énergie du speed. Tu as proposé qu'on prenne l'air et j'ai dit oui, ensuite tu n'as plus voulu, peut-être pour ne pas risquer, encore une fois, de briser notre complicité en nous sortant d'un contexte où on s'entendait si bien et en permettant à l'air libre de cette nuit d'été de nous séparer.

Tu m'as empoigné le bras pour m'entraîner hors de la piste de danse et me faire prendre la direction d'un mur qu'on avait nouvellement recouvert de miroirs, et où allaient se jeter les taches multicolores et tourbillonnantes du système d'éclairage. En parvenant au miroir je n'ai pas vu un miroir mais l'agrandissement de la soirée dans une pièce que je ne connaissais pas. Pendant une seconde j'ai pensé qu'on avait défoncé le mur du loft pour disposer de l'espace du loft voisin, puis je me suis vue, moi, Nelly. Malgré l'attention que tu m'avais accordée jusque-là, je suis tombée en moi-même, je t'ai glissé des mains ; le miroir m'a happée et

153

entre nous le fil s'est rompu. Ce soir-là à Nova je t'ai montré sans le vouloir cette tare de naissance qui a fait de moi un monstre incapable d'apparaître dans les tarots de ma tante, j'ai toujours dit que mon problème était un problème d'apparition. Cette tare, tu l'as bien connue, elle te fatiguait parce qu'elle s'accrochait à toi pour que tu la contrebalances de ton amour, pour que tu lui donnes un peu de ta beauté.

Mes cheveux qui étaient ce soir-là de couleur naturelle, c'est-à-dire ni bruns, ni blonds, en faisaient partie, mais ils n'avaient rien à voir au fond, ils n'étaient que la pointe de l'iceberg comme on dit quand on veut mettre en garde les aventuriers, quand on veut leur faire comprendre que certaines choses s'épanouissent vers le bas dans les profondeurs où elles prennent en secret des proportions monstrueuses. Dans le miroir j'ai d'abord examiné mes cheveux sans couleur pour ensuite m'attarder sur les rougeurs qui me couvraient le nez et les joues, et bientôt, il n'y a plus eu dans le miroir que des parcelles de laideur qui se décomposaient dans une variété de tons vers l'infiniment petit ; à ce moment j'aurais voulu être seule pour me remaquiller et me recoiffer entièrement. En me regardant de trop près je faisais place à la critique, je donnais à l'imperfection du relief.

Au début de notre histoire tu me croyais imbue de ma personne parce que je me regardais tout le temps dans tous les miroirs que je rencontrais, ensuite tu as compris que j'étais faible et tu ne m'as plus aimée, ta queue avait besoin de ma suffisance. Être faible, c'était être faible devant témoin, c'était aussi faire naître chez les autres l'envie de frapper comme on frappe la misère des clochards, dans l'espoir de régler le dégoût à la source, frapper est une façon de venir à bout des causes. Un jour où j'étais inconsolable parce que tu n'avais pas voulu me baiser, tu m'as fait comprendre la nécessité de m'isoler dans mes crises de petitesse en me renvoyant chez moi. Chaque fois je rentrais chez moi pour m'asseoir devant le téléphone et repasser un à un les numéros de l'afficheur pour te trouver, mais le plus souvent tu n'appelais que le lendemain ou même le surlendemain, ta voix avait changé, elle ne me regardait plus. Comme tu n'étais pas là pour me voir faible, je devais ces jours-là me frapper moi-même, c'est le refus de sa propre pitié qui veut ça, c'est aussi l'urgence de donner une couleur à la souffrance : sur la tempe le bleu de ton mépris, sur l'épaule le jaune de ma chute libre. Souvent j'utilisais des bouteilles de vin ou des poignées de porte, aussi sur mes bras et mes cuisses je faisais des croix avec des lames de rasoir, je me faisais pleurer de partout ; comme les prisonniers, je marquais les heures. Aucun mot de toi n'est jamais venu recouvrir ces marques sur mon corps que tu ne pouvais pas ne pas voir ; sans doute que sous ton grand calme il y avait de la frayeur. Vue sous un certain angle, c'est moi qui, de nous deux, étais la plus forte.

Dans le mur de miroirs à Nova je me suis dévisagée pendant un temps et quand on a repris la conversation j'ai été navrante. Comme toi je suis allée au bout de l'honnêteté, peut-être pour te donner raison de l'avoir fait. Plus tard dans notre histoire tu m'as appris que ce soir-là tu as cru que je voulais me payer ta tête, que pour montrer de la résistance et me faire désirer je m'étais prise pour un genre de Woody Allen. D'une seule traite je t'ai dit qu'en me regardant de près je n'étais pas belle et qu'en général les hommes me trouvaient folle. Je t'ai dit que mon malaise provoquait bien souvent le malaise, qu'être mal dans sa peau avait une force de propagation tout autour de soi, que dans ma vie tout le monde y compris mes parents avait fini par me laisser tomber, je t'ai dit aussi que pour me regarder dans le miroir de ma salle de bains il me fallait éteindre les lumières. Je n'étais pas laide au premier coup d'œil bien au contraire mais ma laideur devait être annoncée pour mettre cartes sur table, c'était par prévention, par là je voulais dire qu'elle allait survenir et qu'on devait s'y attendre. Comme toi je t'ai remis ce soir-là ma feuille de route, je t'ai donné par avance et une à une les raisons pour lesquelles tu cesserais de m'aimer, comme toi je croyais à la transparence.

Je n'étais pas laide mais ma beauté n'était pas soutenue, comment dire, elle pouvait reculer à tout moment, rentrer en dedans : la beauté chez moi pouvait se résorber en quelques secondes. Pour ça il suffisait qu'une femme apparaisse dans ton point de vue, il suffisait que tu en parles d'une certaine façon, en appuyant sur certains mots comme jolie. D'ailleurs cette femme pouvait ne pas être une femme, être autre chose, comme une photo de femme ou même ta chatte Oréo, au fond ma beauté tenait à presque rien, elle dépendait de notre huis clos. C'était une beauté qui se fanait en société, elle était sauvage, souvent elle montrait les dents, elle avait sa tanière.

D'avoir été navrante en paroles m'a fait taire pendant

un temps ce soir-là. Quand il est trop tard on revient sur soi pour se prendre par la main et se rassurer sur l'avenir, on se dit que la prochaine fois les mots seront amenés autrement, que la laideur ne sera pas énoncée mais questionnée, que dès à présent il me faudrait demander à l'autre ce qu'il voit avant de me montrer. Des gens m'ont déjà dit qu'avant de me connaître je leur semblais inaccessible. Pour eux j'étais comme frappée de la grâce des gens dont on n'a pas suivi la vie rampante qui mène à la reconnaissance sociale. Pour eux j'étais une pute intacte, dans le scandale je restais sophistiquée.

J'étais faible mais toi, par exemple, tu étais grand dès la naissance, tu t'imposais comme bébé, d'ailleurs pour t'y installer, ta mère a viré de sa chambre à coucher ton père qui a dû établir ses quartiers au sixième étage dans une chambre de bonne surplombée d'une lucarne. Depuis toi, tes parents ont fait chambre à part, désormais c'était toi le Coq, avec tes cris tu réveillais tout-Paris au petit matin. Avec toi dans ta couchette la nuit à côté du grand lit de tes parents désunis, ta mère se sentait en sécurité, tu lui murmurais tes propres berceuses, elle dormait à poings fermés.

Devant le mur de miroirs à Nova on parlait toujours mais je n'écoutais plus. Rien ne pouvait plus m'atteindre, pas même ta voix, tu ne pouvais rien contre la plus grande obsession de ma vie qui est aussi la plus redoutable parce que je n'en ai jamais trouvé la porte de sortie : mon reflet dans le miroir. Quand je vais me pendre, je me couvrirai le visage d'une taie d'oreiller, ensuite j'interdirai le cercueil ouvert. Ce soir-là aucun

événement, pas même le son du glas de tous les gratte-
ciel menacés de l'Occident ni la balle dans le pied que
les Américains se sont tirée en pointant leurs armes
sur l'Irak, n'aurait rien pu contre les miroirs qui doublaient notre rencontre au-delà du mur, rien n'a jamais
rien pu contre la nécessité de me tenir à l'œil, va savoir
pourquoi, par méfiance sans doute de la beauté sur
le point d'être résorbée très loin dans le grain de la peau
comme les escargots dans leur coquille. Par expérience
je sais que ne plus se sentir belle change automatiquement l'angle des autres sur soi. En me racontant ce
soir-là que la psychologie des femmes t'échappait, je
regardais du côté du mur pour faire sortir mon image
de la foule qui se pressait autour de nous, je voulais
voir le travail de la tare.

Dès que la tare se met en marche, on ne se voit plus
en entier mais en détail. La tare apparaît partout où on
regarde et j'ai pensé que la sentir se répandre te l'avait
rendue palpable parce que, tout à coup, tu n'as plus
parlé, tu as perdu ton sourire. J'ai pensé qu'un trait particulier de moi qui t'avait échappé se montrait soudain.
Plus tard, tu m'as appris que tu n'avais rien vu mais
qu'en me regardant détailler mon image dans le miroir,
tu t'es cru ennuyeux, tu as cru que c'était une façon de
me divertir dans les longueurs de ton discours ; devant
l'autre à séduire, on se croit la cause de tout.

Ce soir-là la tare s'était surtout logée sous mes yeux,
dans mes cernes qui n'étaient plus des cernes mais
une vraie douleur de vivre. La couleur qui avait changé
dominait mon visage, c'était violet, impardonnable.
Déjà toute petite je m'attendais à ce violet parce qu'il
était déjà là, en germe dans l'attente du jour de mes

trente ans. Dans ce violet que mon air soudain triste approfondissait, mes yeux bleus étaient devenus gris, mes yeux bleus pris dans le gris s'étaient repliés sur eux-mêmes et l'ensemble du visage se tempérait comme le dos d'un caméléon, déjà, on ne le voyait plus. Dans la foule il n'y avait plus que mes cernes, ce soir-là toutes les nuits du monde passées sans sommeil se sont abattues sur moi. Tout le monde sait que les visages ne sont beaux que si un trait du visage ne les enterre pas, c'est écrit dans les magazines de mode, que la beauté est avant tout une affaire de composition, que c'est une histoire d'équilibre.

Devant le mur de miroirs j'ai cru que tu avais eu un premier mouvement de fuite en regardant **tout** autour, peut-être pour voir si Annie se trouvait toujours dans la soirée. Sur elle tu n'as pas dit grand-chose ce soir-là, tu as dit que pour elle tu étais l'homme de sa vie et que tu n'y pouvais rien, qu'à la limite, c'était flatteur. Entre toi et les femmes il n'y avait pas de symétrie et tu n'étais pas le seul de ta race, j'en faisais partie et Annie aussi... Les humains sont comme ça, les regardés regardent ailleurs et ça se vérifie chaque jour, mon grand-père avait réglé la question en ne regardant que Dieu. Il paraît que Dieu voit tout et qu'il entend tout, que son omniscience le contraint à embrasser tous les hommes, que venant **de lui**, ce n'est pas de l'amour mais une impossibilité **de** faire autrement ; pour aimer vraiment il aurait fallu qu'il puisse se soustraire aux responsabilités que lui impose sa vision totale, peut-être qu'il préférerait être un homme après tout pour se donner le droit d'abandonner ses semblables.

À un moment devant le miroir tu as regardé l'heure

et j'ai cru t'avoir perdu pour toujours. Tu es parti et quand tu m'es revenu, un nouveau verre de bière à la main, j'étais contente de te voir sourire.

*

* *

Les tarots de ma tante étaient impressionnants, ils avaient la taille d'un agenda. Bien souvent leur dimension l'embarrassait parce qu'elle n'arrivait jamais à les lire en ma présence, leur grosseur ne donnait pas le change. Une fois elle m'a demandé de quitter la pièce pour mieux voir ses tarots, et quand je suis revenue, elle a haussé les épaules, mon absence ne fonctionnait pas mieux que ma présence. Devant moi leur dimension finissait par l'accuser, les cartes immenses se moquaient d'elle, avec moi elle souffrait de myopie ; parfois elle enlevait ses lunettes pour coller son nez aux cartes, d'autres fois elle les tenait à bout de bras, mais chaque fois, elle ne voyait que du carton plastifié sur lequel les dessins tombaient à plat. Sur les tarots il y avait des personnages portant des noms consacrés comme le Bateleur, le Pape, l'Impératrice, le Mat, l'Amoureux, la Mort, le Diable ou encore l'Ermite. J'aimais bien le Pendu parce qu'il était pendu par les pieds, parce que le monde se présentait à lui à l'envers et qu'il devait identifier les autres par leurs chaussures, il représentait l'impasse, le cul-de-sac, il inspirait la pitié. Selon ma tante les représentations inquiétantes comme la Mort n'étaient pas toujours néfastes, ça dépendait des autres cartes, par exemple le Soleil pouvait très bien n'apparaître dans un jeu que pour mieux éclairer un malheur.

Elle disposait devant moi quatre cartes en croix pour ensuite en placer une au centre ; la carte centrale était la plus importante car elle faisait le lien avec les autres, elle pouvait sauver la mise, elle pouvait également ruiner le jeu. Très souvent au centre de mon jeu apparaissait la Tempérance où on voyait un homme mettre de l'eau dans son vin, la Tempérance n'avait pas beaucoup de couleurs, en gros ça voulait dire que j'étais une personne effacée, diluée, nébuleuse. Selon ma tante l'effacement prenait chez moi un sens littéral, ce n'était pas une caractéristique mais un fondement, l'effacement était ma substance véritable. D'ailleurs, disait-elle, j'avais la peau si blanche qu'elle en était translucide, on me voyait à travers. Selon elle, cette carte expliquait bien des choses, ça voulait dire que ma nébulosité dominait ses tarots, pour elle la nébulosité était la plus puissante des armes, elle venait à bout de tout, elle passait derrière les événements importants pour en atténuer les contours et les recouvrir de brouillard. Autour de la Tempérance on construisait des théories, on la rattachait à une erreur de naissance.

D'abord le médecin qui avait suivi ma mère pendant la grossesse lui avait annoncé un garçon, il lui avait même montré la présence d'une petite queue sur l'échographie, un mirage de queue par la suite nourri de l'amour en pleine maturation de ma mère qui voyait déjà en moi le grand homme ; pendant des mois, ma mère m'a bercée en me parlant au masculin et en chantonnant mon nom : Sébastien. Quand à l'hôpital je suis sortie de ma mère, le médecin et elle se sont tous les deux regardés, ils n'en croyaient pas leurs yeux, le médecin a dû lui offrir ses plates excuses. Par la suite ma mère n'a plus voulu être suivie par lui parce qu'il avait fait preuve d'incompétence grave, à cause de lui, elle avait eu beaucoup de pensées tendres à côté de la plaque, elle avait aussi dépensé beaucoup d'argent en papier peint et en pyjamas bleus, à cause de lui aucun nom n'avait pu m'accueillir dans la lumière de mon premier jour pour m'y souhaiter la bienvenue. Ensuite l'énorme fibrome trouvé sur l'utérus de ma mère aurait dû me tuer dans les premiers mois de la grossesse ; ma présence au monde défiait donc les lois du corps humain, j'étais inexplicable. Selon ma tante mon nom pas plus que ma naissance n'ont pu s'inscrire dans le grand manuel du Destin et il était fort probable que Dieu ne soit même pas au courant de mon existence. Selon ma tante ça me donnait du coup une liberté sans limites parce que j'échapperais au Jugement dernier, entre autres ça me donnait le droit de prendre la vie des autres, je pourrais plus tard devenir un tueur à gages et m'en tirer face à la justice. Par contre mon âme ne franchirait pas les portes du paradis ni celles de l'enfer, elle devrait errer éternellement dans les limbes, peut-être aussi que je m'y retrouverais seule comme un morceau de glace à la dérive entre deux galaxies ; ma tante n'avait pas peur pour ma vie mais pour l'au-delà de ma vie où une désolation éternelle pourrait m'attendre. Je me demande si elle continuera à consulter ses cartes à mon adresse quand je serai morte, je me demande si l'énergie cosmique qu'attirent ses tarots se réveillera alors.

162

La plus redoutable des cartes était la Lune, cette carte-là représentait les angoisses cachées et les peurs profondes qui prenaient la forme d'un crabe tapi sous un pont éclairé par la Lune. Pour ma tante le pire de la vie était d'être rongé de l'intérieur par un crabe parce qu'il faisait ses ravages en secret comme un cancer. Sa fille Linda par exemple était devenue schizophrène à l'âge de quinze ans et ma tante l'avait vue dans ses tarots sous le truchement d'un crabe, ensuite ma tante croyait avoir transgressé une loi en lisant le futur de sa propre fille qui, peu de temps après, était devenue folle à lier ; la folie était à la fois la prédiction et la punition rattachée à cette prédiction.

Toutes les cartes étaient couronnées d'un chiffre romain. C'est quand même drôle de penser qu'au XXIe siècle le savoir du futur est toujours associé au passé lointain. Je me demande à quoi pourrait ressembler des tarots modernes, je me demande si on y verrait des gènes et des microscopes, des prescriptions d'antibiotiques et des virus, des noms de fichiers et des adresses électroniques, des Nadine et des Annie, des téléphones portables et des avions. Il est fort probable que la mort n'y serait pas représentée ou qu'elle apparaîtrait sous une forme positive comme la résurrection par le clonage et la congélation, également probable que toutes les cartes auraient du bon, du positif à prendre, de la bonne graine, il est probable qu'elles auraient une belle attitude devant les épreuves, elles auraient le sourire plaqué au visage.

Un jour ma tante m'a dit qu'elle aurait souhaité vivre au Moyen Âge, secrètement, elle aurait voulu sacraliser son don à jamais en étant brûlée sur un bûcher ; pour elle la grandeur du châtiment était en rapport direct avec la puissance à abattre. Elle croyait aux sorcières et aux martyrs, c'est sans doute pour cette raison qu'elle m'aimait bien.

Pour écrire, on se rendait chaque jour dans nos cafés préférés, toi sur le Plateau et moi dans le Quartier latin. Tu avais l'Eldorado, le Café So puis dans le Mile End, l'Olympico ; de mon côté j'avais Les Gâteries, La Brûlerie puis Le Pèlerin.

Au début de notre amour on avait du mal à se quitter. Une fois séparés, on se manquait tout de suite, même pour travailler il fallait la supervision de l'autre. Au début on a voulu écrire côte à côte en amoureux dans les mêmes cafés, mais après quelques semaines, on a convenu que, pour écrire avec efficacité, on devait le faire là où l'on resterait seuls tout en étant entourés de gens. Pour écrire il fallait pouvoir penser tout haut sans être entendu de l'être aimé, il fallait pouvoir se prendre la tête dans les mains en maudissant les mots de ne pas se laisser prendre et marteler la table de ses doigts sans tenir compte de l'énervement des voisins de table. Écrire exigeait un laisser-aller de sa personne qui ne convenait pas à l'amour, en écrivant on manquait de tenue, devant l'autre on se compromettait.

Pourtant il n'était pas question d'écrire chez soi parce qu'y écrire toute la journée pour y passer, en plus, toute la soirée rendait fou ; on se disait qu'un appartement ne pouvait pas être considéré comme faisant partie du monde extérieur, que c'était au contraire une enveloppe, un reflet de soi-même.

Face à face dans les cafés au temps où on ne se quittait jamais, on se toisait par-dessus nos écrans en attendant l'inspiration, on se soupçonnait de plagiat, on réfléchissait dans la confrontation. D'ailleurs la situation a mal tourné après que tu m'as fait lire, en plein jour de soleil torride où l'on mangeait sur la terrasse du café Les Folies, des extraits de ce que tu écrivais : tu avais la plume d'un client. Dans tes pages les femmes passaient en série et en majorité elles étaient brunes. Tu y racontais ta fixation des femmes bottées, tu disais avoir les bottes dans le sang comme la danse fait bouger les Noirs, personne n'y pouvait rien ni même les femmes qui ne te visaient pas nécessairement avec leurs bottes, simplement, les bottes prolongeaient tes érections envers et contre tous. Pour te faire plaisir, j'ai un jour acheté de grandes bottes en cuir noires mais tu ne m'as jamais demandé de les porter : j'étais ta blonde.

Il me semblait, en t'entendant taper sur ton clavier, qu'en écrivant tu touchais aux femmes que tu écrivais et que tu les abordais par la badinerie, il me semblait qu'en tant que client tu avais l'avantage d'écrire à la légère, que dans tes mains les femmes devenaient des anecdotes. Dès le début la différence de ton sexe me faisait mal parce que le mien ne l'équivalait pas, le mien regardait en bas, j'avais le sexe grave.

On était d'accord pour dire que le sentiment du dérisoire qui survient en écrivant incitait aux plaisirs simples dont il fallait absolument se protéger comme les plaisirs du frigo, des bains de soleil sur le balcon, des promenades à l'ombre des érables du parc Lafontaine et des après-midi sur les terrasses de la rue Saint-Denis, de la pornographie pour toi et pour moi, qui ai toujours eu un penchant pour l'alcool, des pichets de sangria. Mais surtout on écrivait dans les cafés parce qu'on aimait l'idée d'être vus dans les feux de la création, on aurait voulu fonder un mouvement artistique en écrivant un manifeste, on aurait voulu être à l'origine d'un courant de pensée. Il nous semblait que les clients des cafés étaient nécessaires pour entourer d'humanité nos aspirations, dans notre narcissisme il y avait toujours de la place pour un décor humain.

Malgré mes efforts pour écrire pendant notre histoire, je n'écrivais rien et j'ai dû te mentir sur le contenu de mes journées comme j'ai dû mentir aux hommes qui sont passés dans ma vie quand je me prostituais. L'amour me rendait inepte, dans cette joie nouvelle qui habitait ma vie, je n'avais plus rien à dire. De ton côté tu écrivais des articles et ton roman, et moi je n'écrivais rien ou plutôt j'écrivais n'importe quoi, des raclures, des nouvelles ratées, un mémoire de maîtrise basé sur les théories lacaniennes où il est démontré que les théories lacaniennes ont toujours raison et où l'on meurt d'ennui. Il est possible que pendant des mois j'aie attendu ton départ pour tout te décharger sur le dos, dans le passé j'ai fait la même chose avec mes clients.

On avait chacun nos conceptions de l'écriture. Pour toi écrire voulait dire surprendre tout le monde par des idées nouvelles sur des sujets tabous et pour moi prendre le temps de ne plus être attendue. L'autre côté de la médaille de mon premier livre était son poids énorme qui écraserait le second. Souvent je te disais que le problème, avec ce premier livre, était que tout le monde l'avait aimé mais que personne ne l'avait lu jusqu'au bout et que la démission de mes lecteurs devant *Putain* m'empêcherait peut-être de terminer le second ; disons qu'entre mes lecteurs et moi, il y avait une grande complicité, je leur ai appris que vomir pouvait être une façon d'écrire et ils m'ont fait comprendre que le talent pouvait écœurer.

Chez moi écrire voulait dire ouvrir la faille, écrire était trahir, c'était écrire ce qui rate, l'histoire des cicatrices, le sort du monde quand le monde est détruit. Écrire était montrer l'envers de la face des gens et ça demandait d'être sadique, il fallait pour y parvenir choisir ses proches et surtout il fallait les avoir follement aimés, il fallait les pousser au pire d'eux-mêmes et vouloir leur rappeler qui ils sont. Toi tu écrivais autrement, tu avais du charme. Tu étais du côté des super-héros, des types sympas, des tombeurs et des filles mouillées, écrire était écrire vers le haut. Contrairement à moi, écrire devait dissiper tout malaise chez le lecteur qui devait se sentir chez lui et consentir aux tombeurs et aux filles mouillées, écrire voulait dire compenser, c'était se venger de sa médiocrité, c'était se rattraper en héroïsme.

Ton écriture ne m'intéressait pas, mais toi, si. Ta beauté justifiait tout ce que tu écrivais et en dehors des passages que ma jalousie m'interdisait de lire, te lire me faisait penser à toi en train d'écrire dans les cafés, en te lisant, j'avais un problème de promiscuité. En te lisant je te voyais dans ta beauté qui prenait toute la place et qui ne s'adressait pas à moi, aussi je comprenais que tu existais bien avant que j'existe pour toi, ton passé me narguait, il me sortait de ta vie. De toute façon tout ce que tu faisais se faisait dans le cadre de ta beauté, tu étais comme le DJ Mouse, dans ta virilité il y avait l'attrait de formes féminines.

Au début j'ai tenté d'écrire de mon côté au Pèlerin en me posant sur toi toutes sortes de questions, comme ce que voyaient les clients du Café So qui te regardaient. Surtout les femmes qui devaient se pâmer sur ta carrure collée à l'écran du portable en face de toi, qui devaient observer tes yeux bruns aussi foncés que tes sourcils aussi massifs que ta mâchoire, qui devaient s'attarder sur ta bouche immense que j'embrassais sur le bout des orteils et ta façon de recouvrir ton visage de ta main en regardant entre tes doigts, sur ta grandeur qui frappait même assise, cette grandeur qui, se disaient-elles sans doute, donnait du poids aux mots que tu écrivais. Pour elles tu écrivais peut-être des chansons d'amour et dans leurs rêveries tes paroles savaient exactement ce qu'elles voulaient. Ces femmes qui te regardaient pouvaient aussi à tout moment se lever de table pour te demander du feu, s'intéresser à ton écran et se pencher sur toi, te mettre en face de leurs décolletés, revenir le lendemain et entretenir un lien, avoir une histoire, qui sait.

Quand on écrit on apprend que l'écriture a ses humeurs qui méritent de s'exprimer dans un environnement familier et qu'elle n'a pas besoin de la grand-route pour s'envoler mais d'un coin de rue. On comprend que l'écriture vient souvent de l'ennui de s'asseoir chaque jour à la même table et de l'attitude oublieuse des serveurs, qu'elle sort du vide que laissent les après-midi ensoleillés et qu'elle arrive tout le temps quand on ne voit pas ce qui se passe dehors. Dans un train qui me menait à Prague je n'ai plus su quoi écrire parce que je voyais trop de nouveautés, j'ai donc écrit sur Le Pèlerin ; à l'autre bout du monde, je suis retournée à mes sentiers battus, j'ai minutieusement décrit le miroir au mur en face de la table où j'avais l'habitude d'écrire, dans le train qui me menait à Prague, je lui ai donné une forme ovale. De le retrouver carré à mon retour m'a surprise, au fond la forme des choses n'a pas vraiment d'importance quand on se regarde dedans. Après plusieurs années d'écriture de cafés, je peux affirmer qu'on a trouvé son café à soi quand on peut y pleurer en gardant un œil sur l'aspect de son visage dans un miroir et sans être vu des autres.

Devenir écrivain était pour toi un vieux rêve et pour moi, l'aboutissement de mon asocialité. En écrivant dans les cafés, tu voulais entretenir l'image de l'écrivain vu en train d'écrire, tu voulais écrire dans la pensée du livre dont on aurait suivi toutes les étapes et auquel on pourrait associer l'air tourmenté et traversé par le doute de l'écrivain penché sur son clavier, son air usé par la tâche de dire, son air de page blanche en attente de l'œuvre. Un jour, tu m'as dit que, lors des prises de photos promotionnelles pour ton futur roman, tu fumerais une cigarette ; tu trouvais que les écrivains devaient s'opposer dans l'image à toutes les formes de propagande et surtout à celle des baby-boomers de la côte Ouest américaine.

Que tu écrives m'a longtemps empêchée d'écrire. Si tu m'avais aimée pour la vie, j'y aurais renoncé à jamais. Quand tu es entré dans ma vie, je t'ai donné toute la place en sachant que tu n'en demandais pas tant, tout le monde sait que trop donner est une déviance, que c'est de l'incoordination, qu'en donnant trop on donne des choses dont personne ne veut, comme des vêtements en tricot ou des photos de soi enfant. Souvent on donne pour rappeler aux autres qu'ils n'ont pas de cœur. Mon grand-père était ainsi, un bienfaiteur auprès de gens qui n'attendaient rien de lui. Chez lui la générosité était une façon de mettre bas, c'était choir sur autrui, il donnait toujours dans l'urgence parce qu'il voulait liquider avant la fin de ses jours la matière de sa vie qui risquait de l'incriminer le jour où Dieu viendrait le chercher. Dans sa misère il voulait sans doute que son âme soit vue toute nue et sans attaches, il voulait que Dieu prenne la mesure de sa Parole et qu'il en ait honte ; aujourd'hui beaucoup de choses de lui me sont restées, comme son chalet, la barque dans laquelle il avait l'habitude de pêcher ses truites arc-en-ciel et ses livrets de messe des années trente titrés *Le Jour du Seigneur*. À la première page des livrets avait été prévu un endroit pour écrire nom et adresse, et depuis ce droit de propriété sur les prières, elles n'ont plus été les mêmes pour moi ; il me semblait que l'adresse indiquait avant tout la possibilité que le message se perde en cours de route, j'ai donc arrêté de prier pour ne pas risquer d'atteindre le mauvais destinataire.

J'aurais préféré que tu ne sois pas journaliste. Beaucoup de journalistes veulent écrire un roman en se courbant bien bas devant les drames humains. Pour justifier ton désir tu invoquais le manque d'espace quand tu écrivais tes articles et la neutralité du ton à respecter qui t'empêchait de sortir le meilleur de toi, de faire entendre le parcours véritable de tes opinions, à quoi je ne savais que répondre, il me semblait que ce rêve d'écrire trouvait son origine dans un malentendu, celui de l'autonomie et de la libre expression claironnant la vérité; il me semblait qu'en écrivant on ne libérait rien du tout, que plutôt on s'aliénait, qu'on se mettait la corde au cou.

À Nova tu m'as dit que tu étais pigiste, que tu avais entendu parler de moi à la radio et dans les journaux, que tu m'avais déjà vue mais que tu ne m'avais pas encore lue. Tu étais si peu ému en disant ça que j'ai été émue à ta place, j'ai rougi en souriant comme une sotte derrière ma main comme pour te cacher mes années de prostitution. Ensuite je t'ai fait promettre de ne jamais lire mon livre et tu as cru à une blague, tu ne savais pas encore que je ne blaguais jamais. D'être peu ému ce soir-là aurait pu faire partie des effets de la coke, mais non, tout petit on t'avait appris à être français et pour ta famille être français voulait dire marquer la distance en toutes circonstances et surtout dans la congratulation, être français voulait dire garder devant les autres l'attitude du parent devant les premiers pas de son enfant, c'était encourager de haut.

D'ailleurs ton père t'avait éduqué à distance, pour te parler, il passait par ta mère, il te réprimandait à la troisième personne. D'habitude impassible, il ne se troublait que derrière son télescope, entre autres devant le passage des comètes car il s'agissait d'un rendez-vous attendu mais incertain ; dans l'attente il se sentait comme la fiancée d'un soldat parti en guerre. Il avait l'habitude de dire qu'une comète pourrait bien ne pas passer à son heure et être emportée par les courants de fond du chaos. Ton père avait peur de la marche arrière de l'ordre de l'univers et c'est pour cette raison qu'il observait le ciel. Le cosmos abritait ses novæ chéries et ses supernovæ nées de ce qu'il appelait la « Catastrophe du Fer » qui représentait le moment de l'éclatement de la cohésion atomique des étoiles. Le plus grand souhait de sa vie n'était pas tant d'observer des étoiles explosées, mais *de voir des étoiles exploser*, il voulait surprendre leurs volées de gaz où se trouvait peut-être l'âme. Il voulait saisir sur le vif l'échec des lois physiques à tenir ensemble les atomes qui compo-saient les astres, comme si c'était là la preuve d'une défaillance divine. Pour ton père la Terre pourrait arrêter de tourner du jour au lendemain et endormir la France dans une nuit éternelle ; au fond, ton père ressemblait à mon grand-père.

Il avait déjà abordé avec toi la question de la matière dégénérée à l'intérieur de laquelle les électrons se décro-chaient de leurs atomes pour circuler de façon aléa-toire, prouvant ainsi que la grande horloge cosmique se déréglait et que l'univers s'en allait vers la décom-position. Il t'avait aussi parlé de la possibilité d'une multiplication incontrôlable des trous noirs, sortes de points de ténèbres qui entraînaient dans leur rotation trop rapide l'Espace et le Temps eux-mêmes, et où l'univers pourrait finir par se résorber en entier. Une autre fin était possible et c'était la plus terrible de toutes parce qu'elle se réaliserait dans une solitude et une tristesse insoutenables pour la pensée humaine : la mort thermique. En vérité les astres s'éloignaient de plus en plus les uns des autres dans une expansion de plus en plus rapide vers l'extérieur, expansion qui repoussait à l'heure actuelle des frontières déjà inatteignables. Dans le manque de proximité les astres pourraient entrer en un refroidissement progressif rendant un jour impossible le mouvement qui les amine : le feu de l'univers pourrait aussi bien s'éteindre une fois pour toutes, alors l'univers n'aurait plus qu'à tomber en poussière.

De me parler de ton rêve à Nova t'en rapprochait un peu. Tu avais des raisons de vouloir m'aimer : avec moi l'amour n'a pas été un fait accompli mais un projet. Depuis ce soir-là me séparer de toi n'était plus possible parce que je m'étais vue dans ta mémoire, parce que j'avais déjà une place dans ta tête en tant que personnalité et, pour la première fois depuis une éternité, j'ai cru en moi.

Tu avais l'intention de m'aimer d'amour comme on dit pour distinguer l'amour de la bienveillance des grands frères, tu voulais être l'homme de ma vie mais pas tout de suite ; après l'épreuve de la reconnaissance sociale, il fallait passer celle de la baise, une femme baisée deux mille fois pourrait avoir la chatte trop grande et ramener l'autre à sa queue mal bandée. Quand je pense à tous les hommes que j'ai sucés pour de l'argent, quand je pense aux photos de moi sur le Net qui ont mené tant d'hommes à se branler et à ma contribution à ce qu'il y a de pire, au détournement des masses envoûtées qui s'imaginent que les femmes les réclament, quand je pense à ton roman porno et aux centaines d'heures passées à te branler de la main gauche, à jouir au bon moment de la bouche qui lâche la plainte enfantine de la Girl Nextdoor, quand je pense que ce soir-là tu savais déjà ça de moi et que moi, je savais ça de toi et qu'on s'est tout de même aimés, je trouve que l'amour manque de goût.

Depuis le début tout était déjà joué. Ce soir-là notre conversation nous avait déjà donné le ton ; entre nous, il ne restait plus que l'épreuve du lit où notre conversation s'est poursuivie sous forme de gestes.

Souvent au lit tu m'attachais et tu me prenais dans le manque de préparation pour me donner l'aspect d'une femme en lutte, parfois tu me frappais en dosant tes élans et souvent le plaisir me tirait hors du corps. Par la suite c'est moi-même qui te le demandais et ça t'en a enlevé le goût. Tu m'aimais en colon. Le plaisir d'être frappée avait peu à voir avec les sensations au fond, c'était au contraire un plaisir d'engourdissement, d'absence de contact, c'était un paravent qui me protégeait de ta force ; au lit comme dans la vie, tu me mettais sous le choc. Au début tu m'aimais entre autres pour ma souplesse, ensuite tu t'es lassé de moi, entre autres à cause de ma souplesse.

Six mois après Nova tu me baisais par fatigue, par économie du temps qu'il faut prendre pour dire à l'autre que le cœur n'y est plus et qu'il faut en finir. Tu le faisais pour contourner le problème de l'autre qui ne veut rien entendre et qui exige qu'on lui explique, baiser malgré tout était pour toi une façon de couper court et de ne pas t'étendre inutilement, c'était une stratégie de fuite en restant sur moi. Six mois plus tard tu me baisais en peinant, dans les efforts du boxeur en face de l'adversaire qui repousse le moment du K-O.

Tu me baisais pour en finir avec ce qui dormait dans ton lit et dans la contrariété d'avoir à bousculer mon poids pour arriver à jouir et quand ça arrivait, quand finalement la friction avait raison de ton esprit écartelé entre ma présence et les images pornos arrachées à ta mémoire, tu avais cette douleur au front qui te fermait les yeux, c'était la marque de la concentration qu'il t'avait fallue. Quand on a été pute, on reconnaît tous les signes et même ceux qui surviennent dans la retenue, le visage des hommes nous parle sans arrêt et, sans qu'ils le sachent, on sait qu'on peut sourire dans les pires moments, on sait aussi que dans les bons moments on peut faire comme si de rien n'était ; chez les putes ce qui paraît doit toujours être interprété à l'envers.

Ta force m'a écrasée et depuis je n'ai pas cessé de vouloir lui donner un nom. Vue de près elle se transformait un peu comme ma tare, elle s'entendait le matin dans tes raclements de gorge qui ne manquaient jamais de réveiller Martine, elle s'entendait dans tes pas qui traversaient le couloir sur la tête de tes voisins, dans ta façon d'affirmer que je t'aimais, de dire tu m'aimes sans attendre de réponse, de couper la parole à tes potes au Bily Kun parce que d'un seul coup tu te rappelais ce que tu avais toujours voulu dire. Elle s'entendait dans ta façon de ne pas intervenir quand dans un bar un homme me ciblait, elle allait jusqu'à me laisser le droit d'être séduite. Ta force était de ne pas réagir, de te tenir dans l'après-coup des scènes, de répliquer dans le décalage et de passer ensuite à autre chose, d'être tenu en haleine par une lecture quand je pleurais dans la pièce d'à côté. Ta force était d'avoir écrit vingt versions de ton roman et d'y avoir cru chaque fois un peu plus, elle était de me faire rire aussi et de résister à mon sabotage, elle était de penser qu'entre nous ça pouvait marcher et d'espérer régler la question de ma folie dans le calme.

Ta force voulait dire laisser sa propre vie faire du bruit et laisser les autres porter le poids de la leur. Ton ex Annie l'appelait désinvolture, elle l'appelait aussi insouciance, je le sais parce que j'ai lu vingt fois la lettre qu'elle t'a écrite le lendemain de Nova où elle a été témoin de notre rencontre et que tu as fixée dès lors d'une punaise sur ton tableau en liège derrière ton ordinateur. Je le sais parce que j'ai lu sa lettre chaque fois que je me suis retrouvée seule dans ta chambre et que je n'ai plus voulu penser à celles avec qui tu aurais pu être à ce moment-là. Chaque fois que je l'ai lue, je me suis lue aussi. Pourtant elle n'y disait presque rien, quelques lignes seulement sur son humiliation d'autant plus grande qu'elle n'était jamais voulue par toi, c'était une humiliation à vide et non reconnue, qui survenait par accident et qui se vivait seule. Aujourd'hui je sais que dans un dernier élan de générosité Annie a voulu passer sous silence, comme on l'avait déjà fait nous-mêmes, ce qui lui était arrivé à Nova, aux petites heures du matin quand on est partis coude à coude chez moi. Dans cette lettre elle parlait de son humiliation blanche et aussi de ta monstrueuse gentillesse dont elle ne pouvait jamais identifier la cause, ta gentillesse brutale qui la confondait parce que devant elle on ne pouvait qu'avoir tort, ta gentillesse qui annonçait du coup le retour également brutal de ta force d'affirmation qui la renvoyait chez elle au milieu de la nuit sans raison. Annie t'a écrit cette lettre comme je t'écris aujourd'hui.

Mon grand-père disait que c'était en raison de la démesure de l'amour que les hommes trahissaient Dieu et le tenaient pour responsable de tout, qu'ils lui demandaient pardon pour l'accuser ensuite, qu'ils lui faisaient subir les extrémités de l'adoration et de la vocifération.

Tu parlais beaucoup, le matin au réveil ta voix était grave, et le soir elle était plus aiguë. Pendant la nuit en rêvant tu parlais aussi et tu avais quelquefois de ces trouvailles comme « matrione » ou « fuêter », une fois je t'ai entendu dire que « la "galosse" avait perdu la main », cette nuit-là il m'a semblé que c'était de moi que tu parlais.

Les femmes étaient ton sujet de discussion préféré, tu entretenais leur mystère en essayant de les comprendre.

Tu te moquais de mon amie Josée qui passait par reseaucontact.com, un site de rencontres, pour trouver ses amants ; il paraît qu'en passant par là des centaines de milliers de membres ont fini par s'accoupler. La fiche de Josée correspondait au numéro 1115053 et elle portait le nom de papillon173 ; sur sa fiche se trouvait une photo d'elle où elle regardait de biais l'objectif en passant une main dans ses cheveux. En dessous on pouvait lire qu'elle faisait cinq pieds neuf pouces, qu'elle était une rouquine sans taches de rousseur et qu'elle avait les yeux bleus, qu'elle faisait un solide 34C de poitrine supporté par de longues jambes ; il était également écrit qu'elle avait un appétit sexuel démesuré et qu'elle était chargée de cours à l'université de Montréal, qu'elle aimait le cinéma et les bons vins, les voyages et le plein air. En retour de sa jeunesse et de sa beauté, elle exigeait des hommes qu'ils puissent supporter son chien Rocky qui la suivait partout. En une seule journée elle pouvait recevoir plus de cent messages et manquait donc de temps pour y répondre, elle en négligeait ses étudiants en gestion d'entreprise.

On allait lire, les soirs où on s'ennuyait, les fiches de reseaucontact.com. On a constaté qu'on choisissait l'autre sexe comme on choisissait une pute. Dans les fiches de réseau ce qui était le plus souvent recherché chez l'autre sexe, c'était la détermination. On recherchait des partenaires, comme on dit en affaires, qui savaient ce qu'ils voulaient, on congédiait d'office ceux qui n'avaient pas réglé leur passé et qui souffraient de névrose. La plupart demandaient également aux fumeurs de s'abstenir, avec la santé mentale venait la forme physique ; je me suis souvent demandé ce qu'on ramassait au bout du compte.

Certains membres du réseau qui se rencontraient d'abord dans un café pour ensuite se retrouver dans un bar baisaient le soir même pour en finir, ces gens-là ne supportaient pas les efforts faits en vain. Au premier rendez-vous on pouvait aussi devant l'autre sorti soudain de la photo numérique de sa fiche mille fois passée à la loupe se donner le droit de remballer ses affaires sur-le-champ, d'épargner son temps et de dire au premier coup d'œil que ça ne marcherait pas. Chez les putes on appelle ça se faire refuser. Quand les putes se font refuser, c'est chaque fois le drame, les putes ont leur orgueil et l'argent n'y change rien ; pour les putes, reseaucontact.com et compagnie sont des sites de vengeance gratuits.

Face à l'autre on avait le droit d'hésiter, de se tâter, de marquer un temps d'arrêt pour soupeser l'autre avant de prendre une décision ; de nos jours l'évaluation qu'on fait peser sur l'autre fait partie de la séduction. Un jour un client a dû me payer à rien faire parce qu'il avait hésité trop longtemps et quand pour finir il a pris la décision de rester, son heure était passée. Quand il est parti, je me suis demandé si me tenir dans l'attente d'être prise ou rejetée n'avait pas été pour lui une façon de prendre son pied.

Josée ne s'est jamais prostituée et c'est pour cette raison qu'elle croit aux probabilités. Au fond elle a bien raison, croire aux probabilités peut être d'un grand secours pour quiconque souhaite trouver son chemin sans l'aide de Dieu. Josée a trouvé son bonheur à la quarantième rencontre, pour trouver l'amour elle s'était au départ imposé une limite de cent rencontres.

Un jour tu m'as confié que tu avais déjà eu ta propre fiche sur reseaucontact.com mais que contrairement à Josée tu en avais pris une par dérision, par cynisme, c'était une autre de tes recherches pour un éventuel dossier sur les habitudes sexuelles des hommes et des femmes passant par le Net.

Tout le temps tu parlais des femmes, au Bily Kun le vendredi soir par exemple avec tes copains JP et celui qu'on appelait Mister Dad parce qu'il avait quinze ans de plus que nous et qu'il venait de New York.

Tous autour de nous écrivaient et voulaient publier ; s'il existe tant de livres sur le marché, c'est que l'écriture est une épidémie. Mister Dad voulait publier un livre qui n'était pas comme le mien, disait-il, son livre racontait une histoire supportée par une action qui avait son début et sa fin, à l'intérieur il y avait une intrigue et du suspens, c'était un livre pour hommes. À Mister Dad on parlait toujours en anglais, non pas par soumission mais par impatience, son articulation du français traînait trop en longueur et le temps de sa parole ne rentrait donc pas dans le temps de la coke qui précipitait toutes nos phrases tête devant, parler sa langue était une forme de compassion pour nous-mêmes. Par contre parler l'anglais me rendait ennuyeuse, ça me rendait poule. En anglais, je ne savais parler que de marques de commerce, de la Floride, de *Sex in the City* et de potins chez les vedettes américaines ; les grandes questions existentielles restaient comme hors de portée, souvent elles ne franchissaient pas la barrière des trois mots et restaient comme ça, suspendues à l'état d'idées, aussi je faisais de grands gestes pour compenser ce qui ne me venait pas. Quand je parlais à Mister Dad, je m'arrêtais toujours en cours de route pour le laisser prolonger ma pensée dans sa propre langue. J'exigeais de lui qu'il parle sa langue car dès qu'il essayait de me parler en français, on en devenait ridicules de gesticulation et de piétinement l'un en face de l'autre ; souvent, pour en finir, je lui disais You know puis il me répondait I know, on finissait quand même par se comprendre.

Pendant le temps de notre histoire il a cherché ce qui te plaisait chez moi, il me trouvait superficielle, c'est toi-même qui me l'as appris. Un soir au Bily Kun il s'est pourtant passé une chose vraiment étonnante que je n'ai jamais pu m'expliquer, Mister Dad et moi, on s'est embrassés sur la bouche devant toi et tu n'as rien vu. En l'embrassant je ne t'ai pas lâché des yeux, tu regardais dans le vague en parlant à JP. Ensuite ce soir-là on a recommencé plusieurs fois, on s'est embrassés une dizaine de fois au moins, tu étais tout près mais tu avais la tête ailleurs. Là-bas tout le monde nous connaissait, tout le monde te respectait, tout le monde nous regardait pour te regarder ensuite. Ce soir-là au Bily Kun, il y a eu entre les gens de longues plages de silence enterrées par la musique techno où l'on se concertait des yeux en restant immobiles ; on attendait les ordres du roi du Bily avant de bouger, tout autour on tirait des conclusions, tous les deux on devait avoir rompu. JP qui nous voyait et qui ne comprenait plus rien est parti sans nous dire au revoir. Le lendemain il t'a téléphoné et il en a fait toute une histoire, JP avait des scrupules qui l'empêchaient de baiser les femmes dont il n'était pas amoureux et ça le rendait agressif devant l'exhibition des autres, souvent il partait en coup de vent parce que des femmes faisaient leur salope, ça le glaçait. Quand tu l'as su le lendemain, tu as mis mon comportement sur le dos de la coke.

Plus tard j'ai appris que Mister Dad m'avait embrassée parce qu'il en avait toujours eu envie et qu'il sentait venir la fin entre nous ; il ne voulait pas rater sa chance, malgré la stupidité qu'il me prêtait, il me trouvait sexy dans mes formes de Californienne.

*
* *

Un jour je t'ai parlé de mes photos apparues il y a huit ans sur le Net, qui avaient fait partie des premières photos pornos de l'histoire du Net, sans doute pour te punir, mais cette nouvelle t'a réjoui. Ces photos de moi t'intriguaient parce que tu voulais savoir si me connaître affecterait ton plaisir quand tu les regarderais, après tout se branler sur les photos d'une femme côtoyée dans le désenchantement du quotidien voudrait peut-être dire commettre un inceste. Peut-être aussi que l'expérience te ferait découvrir une dimension supplémentaire et qu'au bout de la décharge le vide serait moins grand, peut-être que devant l'image d'une femme pour qui tu comptes vraiment tu te sentirais moins floué. Avec les putes, tous les clients se sentent trompés dans l'après-coup et nombre d'entre eux sont tentés de réclamer leur argent.

Sur ces photos j'étais toute jeune, un peu plus de vingt ans, et ça t'intriguait aussi. Peut-être que depuis ce temps j'étais devenue une autre femme, peut-être que je ne me ressemblais plus, les transformations sont énormes chez les femmes en huit ans surtout dans la vingtaine. À ce sujet tu disais qu'à vingt ans les femmes devaient passer l'épreuve de leur cul qui pouvait grossir d'un coup et qu'à trente ans, c'était l'épreuve de la peau qui changeait de texture, la peau avait ses franges vers la vieillesse d'où on ne revenait pas. À trente ans la peau devenait en trop, elle continuait à grandir sans le corps et s'en décollait. Tu disais que mon cul était resté jeune malgré mes vingt-neuf ans mais que ma peau avait commencé à changer, pas trop mais un peu quand même, entre autres sur mon ventre où elle avait commencé à s'accumuler sans raison comme

184

chez ta chatte Oréo. Chez les chattes comme chez les femmes, la peau prévoit les coups de pied de bébés en lutte pour leur espace vital.

Pendant les premières semaines de notre histoire, tu as cherché en vain mes photos, pour ça tu as fouillé des archives. Tu avais tes méthodes pour taper les mots de passe sans les connaître qui te demandaient des heures ; de les rechercher avec une telle obstination était peut-être une façon de me faire la cour. C'est au peigne fin que tu as passé les archives des sites Barely Legal où on ne recrute que des filles censées avoir moins de vingt ans et où on fait de ces filles de petites filles entourées de leurs peluches sur un lit simple. Barely Legal était un détour légal sur la lolita et tu le savais déjà parce que tu y étais allé plusieurs fois pour tes recherches, tu avais eu besoin de sonder le terrain pour y tirer des informations concrètes qui donneraient du zèle à ton inspiration romanesque. Pour toi la prime jeunesse des lulus et de la rousseur était un fétiche au même titre que les bottes, entre les deux tu disais préférer les bottes. Tu trouvais qu'elles exprimaient bien l'idée de l'urgence dans une ruelle, les bottes voulaient dire ne pas prendre le temps d'aller au lit, elles voulaient aussi dire l'autorité des femmes de tête ; tu disais aimer les femmes-femmes et non les femmes-enfants, ta mère par exemple était une missionnaire, elle travaillait à réinsérer socialement des jeunes en difficulté, elle faisait du bénévolat, elle avait la peau dure. À ça je répondais que plus tu vieillirais, plus tes goûts en cette matière rajeuniraient. Je me demande si à cinquante ans tu te souviendras de moi.

De n'avoir pas trouvé les photos t'attristait beaucoup.

Pour te consoler je vais te raconter le shooting, je vais te donner un de ces petits restes de mon passé que je ne t'ai pas encore donnés.

Pour le shooting mes cheveux ont été tressés de rubans blancs. On m'a fait porter une petite robe d'été à carreaux bleus et blancs qu'on appelle robe-soleil, mais la grosseur de mes seins mettait l'ensemble en péril. Il fallait donc mettre l'accent sur les jambes que j'avais fines et sur mes petits pieds si petits qu'ils ont fasciné tous les hommes que j'ai connus. Pour les seins j'ai dit pour rire qu'une bavette les cacherait en partie et on a trouvé l'idée bonne, à dire vrai on n'y avait jamais pensé, assurément on en achèterait une pour la prochaine recrue à seins. « On » était trois hommes dont le premier prenait les photos comme un vrai photographe tandis que le deuxième tirait des polaroïds qui servaient de test pour l'éclairage, le troisième organisait la scène dans sa composition et ses thèmes ; comme toi, ce troisième faisait au moins six pieds, il voyait le décor dans son intégralité, c'était le concepteur.

Avec l'idée de la bavette leur est venue celle de la confiture de fraises mangée avec les doigts à même le pot. Pendant la séance j'ai dû manger de la confiture, de plus j'ai dû jouer avec un ourson en peluche déterré du fond d'une garde-robe qui m'avait été offert un jour d'anniversaire par mon père, je me souviens qu'il puait l'humidité. L'éclairage devait être naturel pour correspondre à la bonté des enfants qui en règle générale ne connaissent pas les palettes de couleurs et n'ont pas la notion du bon profil ; cet éclairage devait être celui des après-midi ensoleillés où les petites filles laissées sans surveillance font la sieste dans leur chambre habitée que par leurs poupées. L'ambiance devait rappeler celle des terrains de jeux en retrait des sentiers battus ; en mettant le pied dans l'univers de l'enfance, les internautes devaient être assurés qu'on ne les surprendrait pas.

On m'a bien expliqué ce que les photos devaient suggérer. On m'a spécifié qu'il ne fallait pas donner l'impression de s'y connaître en matière de sexe, mais qu'il fallait en avoir follement envie. Je devais me comporter dans les limites du savoir des fillettes sur la chose, il fallait regarder en coin en restant timide et mettre le bout d'une tresse dans la bouche, non pas pour appeler la queue à sucer mais simplement pour connaître le goût des cheveux. Il fallait retrouver la naïveté du monde vu pour la première fois à travers les cinq sens, il fallait aussi me dénuder par curiosité des internautes, le premier but étant de leur découvrir mon corps pour leur indiquer où il y avait bobo à triturer, l'autre but étant qu'ils veuillent m'en apprendre quelque chose. Dans certains cas plus payants il fallait le comparer avec celui d'une autre petite fille et la laisser faire le docteur ; tout le monde sait qu'entre elles les petites filles jouent au docteur pendant la sieste, qu'elles en pissent d'excitation et qu'il n'y a que les jalouses pour s'en plaindre. Tout le monde sait qu'elles ont un sexe qui nécessite le travail de la douceur et qui ne veut rien en retour, qu'à cet âge plus qu'aux autres le plaisir est sans gêne et ne demande qu'à prendre forme.

Pour les photos il a fallu me tenir au bord de pouffer de rire une main devant la bouche. L'expertise du geste développé dans la routine ou encore la moue qui connaît tout de la vie n'étaient pas ce qu'on recherchait, bien au contraire, il me fallait avoir envie d'une chose que je ne saisissais pas bien, qui se pressait dans son caractère de nouveauté et qui était destinée à l'initiation. La candeur en tout était capitale, l'assiduité des internautes en dépendait. Disons que chez les grands patrons de Barely Legal, tout avait été testé ; là-bas, on avait de nombreuses années d'expérience des fillettes, on savait que l'enfance était avant tout une période pour adultes.

Les photos ont été prises chez moi. Avoir un studio au centre-ville avec une adresse fixe aurait pu être dangereux pour l'entreprise Barely Legal, se déplacer chez les filles était une façon de contourner le lieu du crime. On m'a demandé de sortir de mes placards les restes de mon enfance pour choisir ce qui conviendrait : des draps en coton blanc de préférence, des vêtements roses et bleus et si possible des chaussettes blanches avec des souliers plats, des peluches, des poupées, des patins à roulettes, une corde à sauter aussi avec quoi on pourrait m'attacher les poignets aux montants du lit et des bandes dessinées des Schtroumpfs par exemple, pourquoi pas un ballon de plage. Il a fallu sortir du cadre de l'appareil photo les éléments utilitaires ou décoratifs qui demandaient un trop grand développement de l'esprit, comme le téléphone, les tableaux trop abstraits accrochés aux murs, les plantes, les livres, les parfums et les bijoux, la commode antique en chêne et le grand miroir pivotant.

C'est dans ma chambre qu'ont été prises la plupart des photos, les autres pièces de l'appartement étaient incompatibles, il y avait trop de pierres et de bois, trop de casseroles et d'appareils électroniques ; tout ça était bien dur pour les internautes, ces objets exprimaient les responsabilités. Dans ma chambre on m'a trouvée bien timide mais pas de la bonne timidité, il y avait la timidité mignonne des fillettes qui ne soupçonnent pas les mauvaises intentions du monde et la timidité des femmes complexées qui manquent de grâce, je manquais de la vraie jeunesse non frappée par la vie. On m'a trouvée peu souriante mais quand je souriais, j'avais envie de pleurer, ce n'était pas de tristesse mais de l'inconfort du sourire qui n'était pas suivi par le reste du visage, c'était aussi de l'attente trop longue du flash de l'appareil photo derrière lequel le photographe attendait que je sourie correctement. Avec moi il s'est montré patient, il disait que malgré les apparences il comprenait les femmes de mon âge.

Ensuite on est passés à la salle de bains où j'ai dû me savonner avec un savon rose tiré de l'équipement de base de Barely Legal. Le savon était une porte d'entrée sur le corps de l'autre, on m'a dit qu'il donnerait de la crédibilité à la scène, qu'à lui seul il ferait bander. Sur le moment je me suis demandé si les internautes remarqueraient que toutes les fillettes de Barely Legal se savonnaient avec le même savon rose, je me suis demandé si cette découverte pourrait compromettre leurs branlettes. Un canard en plastique également prévu par eux flottait entre mes jambes où je devais le faire promener. Cette fois il n'était pas possible qu'on ne remarque pas le canard et qu'avec le canard on ne remarque pas le savon rose, le canard et le savon rose s'éclaireraient l'un l'autre. Pour cacher mes seins trop gros, on a pris de la mousse ; mon ventre et mon nombril devaient par contre être vus. Tout le monde sait que pour allumer les fillettes on doit leur faire des chatouilles sur le nombril par exemple et qu'une fois étranglées par leurs rires on peut alors passer aux choses sérieuses.

Dans la salle de bains on m'a recoiffée avec deux couettes montées sur le crâne pour faire coquin mais la lumière trop crue qui partait du projecteur me rendait mon âge. On m'a demandé de me retourner sur le ventre dans l'eau, ensuite on m'a demandé de soulever les fesses à la manière de la tresse dans la bouche, c'est-à-dire sans investir la pose d'intentions particulières. Ce jour-là j'ai appris qu'à cet âge la beauté venait de l'absence de calculs. Pour les photos il ne restait plus que le dos, la chute de reins et les fesses recouvertes de mousse mais on a insisté pour en prendre beaucoup car, dans les grands classiques des prétextes pour toucher les fillettes, le bain était un incontournable. Tout le monde sait que les classiques assurent le contentement général, tout le monde sait aussi que savonner le dos de l'autre dans l'espoir de se faire savonner la queue en retour fait partie des scènes primitives chez les pédophiles.

Ensuite on est passés sur le balcon où je me suis entièrement dénudée et où on m'a photographiée chaussée de patins à roulettes sur fond de la rue Sherbrooke d'où une volée de klaxons s'est fait entendre. Sous le soleil de juillet, ma peau blanche éclatait et c'était parfait pour eux, avoir la peau blanche voulait dire venir à peine de sortir du ventre de sa mère.

Dans leur professionnalisme les trois hommes de Barely Legal n'ont pas essayé de me baiser, ils n'ont tenu

190

compte que des photos à prendre, ils ont eu le réflexe des gynécologues devant la chatte de leurs patientes. Avant de partir ils m'ont payée, de ma vie, je n'avais jamais eu autant d'argent pour si peu, c'était la première fois que je me vendais. Un an plus tard je me prostituais.

J'ai vu mes photos une seule fois, le jour où elles ont été prises : des polaroïds aux couleurs en aplat qui me donnaient l'air d'un personnage de BD. Malgré ma curiosité je ne suis jamais allée sur le site de Barely Legal pour voir les photos qui avaient été retenues par peur d'y voir des choses censées se produire à l'intérieur du corps, comme une boule dans la gorge ou encore des démangeaisons du cuir chevelu produites par les couches de laque qui avaient servi à lisser mes tresses.

Des années plus tard j'ai également refusé de regarder les émissions de télé où je suis passée parce qu'il n'y a rien de pire que de ne pas avoir le contrôle sur sa propre image qui bouge ou sur ce qui se montre comme des rougeurs au visage qui défont la portée des mots, ou encore sur ses mots qui partent de travers pour trop en dire et tomber du mauvais côté de ce qu'ils veulent dire. À la télé on se voit dans le sentiment de la catastrophe comme on voit son enfant passer sous une voiture, ensuite on ne pense plus qu'aux secondes d'avant la traversée du ballon dans la rue où il aurait fallu intervenir.

Voir mes photos aujourd'hui me ferait peut-être penser à Jasmine et à sa perruque brune qui échouait à cacher son âge. Là maintenant je me demande si

Jasmine a déjà posé pour Barely Legal et si on a tenté de la rajeunir, peut-être que le temps passant elle a posé pour des centaines de sites où on a dû compenser ceci par cela, rembourrer le soutien-gorge ou cacher le bas des fesses : dans le monde de la pornographie, ne pas plaire à tout le monde veut aussi dire ne jamais plaire à personne, enfin jamais tout à fait.

Aujourd'hui on a tort de ne plus croire aux tabous, des gens meurent tous les jours de les ignorer ou ils en deviennent fous ; un jour on permettra aux hommes d'épouser leurs filles sous prétexte que l'amour est aveugle et ce jour-là, la Terre explosera.

Je te disais que cette chose qui pousse les hommes vers les femmes pouvait se contenter de peu, comme d'un bout de tissu en satin, ou pouvait à l'inverse demander la Lune et mépriser la nature en refusant ses limites. Sur le Net on le voyait bien par exemple chez les femmes qui gagnaient leur vie à se faire grossir les seins jusqu'à se déplacer en chaise roulante, ou encore en Afrique où d'autres femmes passaient leur vie à s'allonger le cou avec des anneaux en or pour se hisser à la hauteur de leurs hommes et les regarder dans les yeux. Je te disais que ça consistait chez les femmes à trouver la porte de sortie de leur corps en exagérant ses extrémités, et que chez les hommes, c'était plus clair, c'était simplement la décharge.

*
* *

Parmi tous les événements qui ont fait basculer notre histoire, il y a eu un rêve. Après la nuit de ce rêve-là j'ai commencé à prendre des cachets pour dormir et par chance les cachets endormaient aussi mes rêves. Je ne voulais surtout pas revivre ce que j'avais vécu cette nuit-là dans ton lit. Désormais la nuit je voulais avoir la paix, je ne voulais plus rien savoir, avec mon Serax, j'entrais dans une hypnose noire où mes pensées étaient tirées vers le fond d'un abîme ; juste au-dessous c'était la mort. Mes derniers moments de bonheur me sont venus du Serax, ils me sont venus d'un repos d'où tu étais exclu.

Cette nuit-là je me trouvais dans ton lit alors que tu écrivais, je me suis endormie avec le bruit que faisaient les touches tapées et qui m'a rappelé celui que faisait ma mère en coupant de l'ail. Je me suis endormie et dans mon rêve tu es sorti de ta chambre pour aller te promener dans le parc Lafontaine. Je me suis levée pour me rendre à ton ordinateur, je voulais profiter de ton absence pour visiter ta collection de photos. Il me semblait qu'à force d'ouvrir les photos jour après jour, qu'à force d'être regardées par toi le bassin arqué vers leurs bouches, elles devaient porter des marques d'usure et devaient même être très sales. Devant ton ordinateur cette intuition s'est révélée juste, la plupart des photos étaient écornées et certaines plus que d'autres : j'ai soudain compris que les photos écornées montraient des femmes que tu avais réellement touchées et qu'elles en étaient restées marquées. Dans le rêve les photos disaient tout ce qu'il y avait à savoir, elles étaient comme les tarots de ma tante, il suffisait de les interpréter dans le bon ordre et d'y faire surgir la part invisible d'elles-mêmes ; elles avaient aussi un lien direct avec celui qui les regardait.

Au départ je voulais les détailler attentivement, comme forme de thérapie par apprivoisement. Les gens qui souffrent de phobies tentent de se guérir en se mettant en péril ; certains vont jusqu'à prendre des araignées dans leurs mains pour les laisser se promener à leur guise sur leurs bras puis dans leur cou. Habituellement ils n'y parviennent pas, ils aggravent leurs cas. Dans le rêve je n'y parvenais pas non plus et j'ai donc voulu détruire les photos mais ton ordinateur a immédiatement réagi par la défensive, ton ordinateur avait un instinct de conservation. À l'intérieur il y avait un programme pour se prémunir des mauvaises intentions des utilisateurs qui consistait à désensibiliser les touches du clavier. Alors que je tapais sur ton clavier sans résultat, ton ordinateur a pris le contrôle ; à l'intérieur il y avait également un programme qui devançait ta routine de manœuvres quotidiennes, le matin ça te permettait de garder les mains libres pour boire ton café et fumer ta cigarette en parcourant les nouvelles des journaux électroniques, puis le soir, ça te permettait de te branler avec les deux mains.

Sur l'écran est d'abord apparue une liste d'adresses de sites pornos qui étaient également des noms de femmes. Se trouvaient tous les noms possibles en N et en I, des dizaines et des dizaines de noms quasi identiques et tous accrochés à d'autres mots anglais comme BlackBoots, FuckmeToes, WildTeens et LittleYoung-Sluts. Le mien ne s'y trouvait pas et je savais pourquoi, mon vrai nom qui n'est pas Nelly avait été détecté par ton système capable de soulever toutes les impostures.

Mon vrai nom avait été bloqué parce qu'il ne correspondait pas à tes barèmes informatiques, sa phonétique bouchait les conduits parce que ton amour ne prenait pied que dans une homophonie à Nannie. Aujourd'hui je suis convaincue que si j'étais venue à toi le soir de Nova sous mon vrai nom on ne se serait jamais revus.

Dans mon rêve ton ordinateur suivait le chemin des adresses à toute vitesse, le petit curseur blanc s'affolait, fouillait tous les coins de l'écran où des fenêtres s'ouvraient sur des femmes nues, emmanchées d'énormes queues, la bouche pleine et le corps tendu vers le plaisir : toutes étaient brunes sans exception. Elles apparaissaient affichant des grimaces montant en flèche vers l'orgasme pour se refermer aussitôt. Dans le rêve photos et adresses continuaient à s'afficher en désordre, certaines adresses apparaissaient à l'envers ou à la verticale, certaines se désintégraient bizarrement, les lettres chutaient vers le bas de l'écran comme dans un jeu de tetris, ça voulait dire qu'elles dirigeaient les internautes vers un contenu illégal et qu'il ne fallait pas laisser de traces, il fallait brouiller les pistes.

Ensuite j'ai été frappée par une autre révélation : toutes les adresses et les photos avaient une chose en commun, c'était un arbre. Derrière cet arbre se trouvaient toutes les réponses, aussi cet arbre était accessible de l'endroit où j'étais assise. En décodant les chiffres et les lettres, on arrivait toujours au mot érable, l'érable était la clé de tout le reste. J'ai compris à ce moment que toutes les adresses ouvraient en arrière-plan sur le parc Lafontaine, je me suis donc tournée vers la fenêtre de ta chambre qui donnait sur le parc et je t'ai vu passer en gambadant dans un soleil éclatant, ton ordinateur portable sous le bras. La promenade dans le parc Lafontaine t'avait donné envie d'écrire, tu y avais fait des choses qui t'avaient donné des choses à dire, tu allais au Café So pour tirer ça au clair.

À ce moment du rêve je me suis réveillée et je t'ai vu, assis devant ton ordinateur, la queue dans la main gauche. J'ai vu sur ton visage quelque chose que je n'avais jamais vu, c'était de la fascination. Aussi tu tremblais, tu allais jouir. J'ai crié vers toi pendant que tu déchargeais, ensuite j'ai pleuré et tu t'es excusé, tu te faisais honte. Cette nuit-là j'ai beaucoup pleuré et tu t'es collé à moi, tu m'as prise dans tes bras pour me prouver que je ne t'avais pas perdu, ou plutôt que je venais de te retrouver. Pour la première fois de notre histoire, je t'ai demandé pourquoi. Tu n'as su que répondre parce que tu ne t'étais jamais expliqué la chose, tu avais droit à ce qui était en toi, à cette force virile qui cherchait son chemin parmi les femmes.

Cette nuit-là j'ai compris sans comprendre que, pour vivre à tes côtés, je devais fermer les yeux.

Quand on est finalement sortis du loft rue Saint-Dominique, au petit matin de Nova, est survenu un événement dont on n'a jamais reparlé par la suite. Sans doute que ça a été une sorte de cadeau qu'on s'est mutuellement offert, d'ailleurs avec ce jour naissant arrivaient mes vingt-neuf ans, ce jour-là tu as été le premier à me souhaiter un bon anniversaire.

Tout au long de notre histoire j'ai douté, je me suis demandé si en sortant de Nova tu avais vu ce que j'avais vu mais je n'ai jamais osé te poser la question, puisque ça concernait ta vie plus que la mienne, j'attendais que ce soit toi qui la poses. Ce n'est que le jour où tu m'as quittée que j'ai compris que tu l'avais vu aussi.

Vers les cinq heures du matin à Nova on ne voulait toujours pas se lâcher. Annie était partie avec ses amies, Adam aidé des autres DJ d'Orion démontait du matériel électronique. On est sortis dehors où le petit jour empli de la chaleur de l'été nous attendait, et où le chant des oiseaux, si étrange, nous parvenait à travers le mur opaque de six heures de musique techno dont les échos continuaient de circuler autour de nous. Une fois dehors on ne voulait pas laisser le hasard décider

197

du moment où on se reverrait, c'est-à-dire à Trou Noir en automne ; il fallait qu'un geste soit posé, même petit. C'est alors que tu as proposé de me raccompagner à pied jusque chez moi, à quarante minutes de là. J'ai dit oui comme une petite fille, en plaçant une main devant la bouche pour cacher un sourire, et tu as posé ton premier geste, tu m'as embrassé la nuque. Encore une fois ta beauté m'a frappée. À l'intérieur du loft je l'avais devinée dans la pénombre, elle avait été déchiffrée, découverte à tâtons, mais dans la lumière naissante du jour où le noir de tes yeux se détachait, elle ne se défilait plus, bien au contraire, elle se jetait sur moi d'une façon presque choquante qui me forçait à regarder ailleurs. Si tu n'avais pas été si beau, ce qui a suivi n'aurait peut-être pas été ignoré et le monde autour aurait retrouvé les proportions qu'il mérite : la beauté est faite pour détourner les yeux de la vérité. Malgré la traversée de Nova tu avais la peau nette, sur ton visage se lisaient la robustesse des décideurs et la fraîcheur de ton jeune âge. Toi aussi tu me trouvais belle, tu étais content, tu avais Nelly Arcan à ta botte.

On a entamé notre marche. À ce moment, on parlait cinéma, je m'en souviens parce que en marchant vers le nord rue Saint-Dominique tu as sifflé un air western tiré d'un film de Sergio Leone, tu as sifflé en me tenant au coin de ton œil jusqu'à ce qu'un hurlement de femme nous arrête.

Ce n'était pas un hurlement de frayeur. Ce n'était pas le hurlement d'une femme battue ou menacée d'un couteau, mais un hurlement rauque et prolongé qui se terminait sur des sanglots où s'entendait le labeur d'une respiration qui se cherchait.

On s'est arrêtés pour regarder dans la direction du hurlement. Une douzaine de personnes s'étaient rassemblées autour de la scène, certaines sortaient directement de Nova. En m'approchant j'ai pu entrevoir au centre du lot deux femmes accroupies sur une troisième assise par terre, le dos contre la vitrine d'un sex-shop qui abritait trois mannequins portant tous trois le même body en cuirette rose, rouge et noir. Par instinct j'ai cherché tout près de la femme hurlante le cadavre de l'être perdu, mais non, il n'y avait pas de corps mort, il n'y avait que le retour de ce hurlement qui ne cessait de crever le cœur de la ville pour s'achever sur des sanglots cahotés par l'étouffement et qui, après quelques secondes de silence où s'engouffraient tous les souvenirs heureux de notre soirée, repartait dans sa montée aveugle aux promesses.

Je me suis approchée davantage, j'ai joué des coudes pour voir qui était cette femme capable de ce désespoir si grand, Dieu qu'elle devait être belle. En m'approchant j'ai vu une chose que je t'ai cachée par la suite : j'ai reconnu, par terre au milieu des pieds, le sac à main en paillettes rouges d'Annie. Sachant que c'était elle, j'ai immédiatement pensé à toi, à ce que tu allais faire pour elle, j'ai pensé à cette place auprès de toi que je lui avais prise et à elle tombée à côté, enchaînée à sa douleur sur le trottoir. J'ai pensé à ses hurlements qui repoussaient de toutes leurs forces la venue du jour nouveau et qui auraient pu être les miens, j'ai compris que notre histoire ne devait pas avoir lieu, que rien de bon ne sortirait de nous deux.

Je suis retournée à toi mais je ne t'ai rien dit ; dans le petit matin, j'ai imité Annie pendant la soirée, j'ai serré mon sac à main contre ma poitrine pour empêcher qu'elle ne te touche, je l'ai entravée. J'ai laissé au destin le soin de te la montrer ou pas, j'ai joué aux dés avec une souffrance que je connaissais pourtant par cœur.

Quand je t'ai retrouvé, ton visage était défait, et encore une fois, j'ai eu peur de t'avoir perdu. Tout ce temps, tu étais resté en retrait, tu attendais mon récit. Quand tu m'as demandé si j'avais pu voir quelque chose, je t'ai répondu non. Tu as prononcé des paroles qui m'ont paru à la fois usuelles et lourdes de sens, tu as dit que chacun devait porter son fardeau.

On a repris notre marche en silence en espérant que la lumière de cette mort mette des années à nous atteindre : Nova venait de se terminer.

*

*   *

Le jour de notre rupture je suis allée chez toi à l'improviste, c'était un soir de février. Depuis trois jours j'attendais que tu m'appelles, tes silences qui gagnaient du terrain sur le temps passé ensemble me donnaient un mal de ventre qui me pliait en deux mais j'avais appris à ne plus prendre d'initiatives avec toi ou de n'en prendre que dans des instants de folie ; c'est donc portée par la folie que je suis venue à toi ce soir-là.

Si j'y suis allée, c'était pour que tu me quittes, c'était pour me jeter dans ta gueule. À ce moment je savais que notre histoire était finie et que, tout de même, elle aurait pu se poursuivre longtemps, ce n'est pas très difficile, quand on y pense bien, de tenir à portée de la main une femme qu'on n'aime plus ; le détachement a toujours permis d'avoir plus de jeu en amour.

Depuis un mois ma vie n'était plus qu'une attente : j'attendais tout le jour et le soir et même la nuit l'apparition de ton numéro sur l'afficheur de mon téléphone, j'attendais que tu m'adresses une parole comme un bonjour ou même pas, un bruit, un raclement de gorge, j'attendais ta décision de où et quand on se verrait, baiserait, sortirait, j'attendais que tu m'envisages. Je n'étais plus qu'ouvertures pour toi, et toi, sentant ces ouvertures qui m'avaient changée en grand vide, tu t'éloignais pour ne pas y tomber. Chez moi je ne faisais plus rien qu'attendre le signal de ta voix ; souvent je couvrais des feuilles entières de ton nom et je me montais des scénarios intérieurs où j'étais la plus forte. Dans mes scénarios j'étais insouciante et joviale, j'avais des amants repêchés dans ton cercle d'amis, j'étais Nadine et, étant Nadine, je te faisais souffrir de ma détermination capable de t'oublier pendant des jours. Dans mon cinéma tu n'étais rien.

Quand je suis arrivée ce soir-là en face de chez toi, j'ai fait quelque chose que je n'avais jamais fait auparavant : je t'ai épié par la fenêtre de ta chambre. Je t'ai trouvé comme toujours assis en face de ton ordinateur, mais ce que je voyais coupait à ta taille. Je ne pouvais voir que tes grandes mains taper quelques instants sur le clavier pour sortir de ma vue vers le bas de ton corps, sans doute que tu les posais sur tes cuisses quelques instants avant de les ramener sur le clavier pour taper de nouveau.

Dehors l'œil collé à la fente de tes rideaux fermés, je t'ai regardé vivre sans moi pendant assez longtemps,

201

une demi-heure peut-être. Pour la dernière fois j'ai eu droit au spectacle de ton existence si détachée de la mienne. En t'épiant j'ai pensé voilà comment vivent les gens, voilà ce qu'est la vie, et hors de tout doute, j'ai su que je devais mourir parce que je ne pourrais jamais vivre comme tu vivais, j'ai compris ce soir-là que toute ma vie mon corps s'était déplacé sans mon âme qui n'était jamais vraiment sortie du néant d'où ma naissance m'avait tirée.

Au bout d'une demi-heure j'ai fini par sonner à ta porte ; en me voyant dans la vitre de ta porte, tu as hésité, en m'ouvrant tu m'as accueillie en disant que tu ne m'attendais pas. Dès que je suis entrée dans ta chambre, j'ai su que tu passerais aux aveux : au fond, tu m'attendais.

On a parlé pendant plus de deux heures où il a beaucoup été question de mes difficultés, de ma personne détestable et déréglée ; selon toi, je devais guérir avant d'espérer quelque chose de la vie. On a aussi parlé d'incompatibilité et de divergence de points de vue ; pour être bien ensemble, il aurait fallu se ressembler davantage. Pendant deux heures tu m'as tenu les mains très fort dans les tiennes et je te donnais raison sur tout, si j'avais été toi, je ne me serais pas supportée plus de deux mois, je me serais quittée bien avant ça... C'est la mort fixée au jour de mes trente ans qui m'a tenue, au fond, en vie si longtemps.

Ta chatte Oréo dormait tranquillement sur la chaise de ton bureau pendant qu'on parlait et puisque je ne voulais pas pleurer dans tes yeux elle me servait à y poser mon regard alors que nos échanges se poursuivaient machinalement, des échanges de convenance qu'il faudrait tôt ou tard interrompre par mon départ.

Sans cesse tu revenais sur l'amitié alors que je me vidais en larmes sur ta chemise. Tu tenais à mon amitié, pour toi l'amitié était la suite logique des histoires d'amour ratées ; tous les deux, on pourrait correspondre quelque temps sur le Net pour ensuite se revoir en amis, c'est moi qui devais décider du moment propice. On pourrait se revoir en amis pour discuter comme deux potes de nos dernières baises et de nos ambitions de carrière, revenir brièvement sur le passé pour en rire, pour nous raconter à quel point on n'était pas faits l'un pour l'autre, ah, cette amitié comme entreprise pour les bons débarras. Moi j'attendais que tu m'aimes encore ou que tu me tues, puisque tu étais si grand, j'attendais de toi du grandiose.

C'est un hurlement qui a rompu le fil de ton discours sur l'amitié, c'en était la réponse. Faire de toi un ami était pire que la pensée de ne plus jamais te revoir, c'était verser dans le comique, c'était détruire encore ce qui était si parfaitement détruit, c'était y faire des trous et le monter en tas de merde, c'était en salir la beauté par un acte de dérision, c'était te laisser gagner jusqu'au bout.

Quand j'ai hurlé, tu t'es dégagé de moi, et tous les deux on a pensé à Annie hurlant dans le petit matin à la sortie de Nova. Tu as prononcé les mêmes paroles qu'à Nova, tu as parlé de la charge individuelle à porter, du fardeau de chacun impossible à transférer sur le dos des autres, puis je suis partie.

Josée m'attendait dans le parc Lafontaine depuis deux heures ; je lui ai remis les clés de ma voiture et je lui ai demandé de faire un détour sur l'avenue Mont-Royal, puis un autre sur la rue Saint-Dominique, pour passer une dernière fois devant le Bily Kun, puis devant le loft de notre after hour.

*
* *

Ton père cherchait dans le ciel les explosions d'étoiles pour percer le secret de leur mort; il était fasciné par la beauté de leurs cadavres éventrés dans l'espace, par leur matière dégénérée dont les gaz comme chair et sang créaient des franges multicolores vouées à se dissoudre au gré des vents stellaires. Il vous entretenait, toi et ta mère, lors de vos dîners familiaux, de la vie plus grande que le temps des étoiles et de leurs atomes qui ne cherchaient qu'à se fusionner avec les atomes avoisinants. Il disait que la tâche des atomes au cœur des étoiles consistait à se marier, à entrer en composition les uns avec les autres pour former de nouveaux atomes qui chercheraient également à se recomposer jusqu'à rencontrer un atome irréductible qui était l'atome de fer. Ton père disait qu'en cherchant à former un Tout les étoiles allaient droit à la déjection finale, elles couraient à leur perte; au fond, ton père était un poète, c'était un amoureux.

Quand les atomes à bout de fusions frappaient inéluctablement le cœur de fer des étoiles, elles explosaient de façon spectaculaire pour donner naissance à des naines blanches ou encore à des trous noirs; ce processus d'ondes de choc, qui partait du ventre des étoiles pour les pulvériser dans l'espace des années-lumière, s'appelait la « Catastrophe du Fer ». Mon grand-père aurait été si heureux de rencontrer ton père, en discutant, ils seraient tous deux parvenus à la conclusion que Dieu était un noyau de fer.

Il me semble que les hommes sont ainsi, qu'ils meurent au bout de leurs ressources, qu'ils crèvent tous d'avoir voulu rencontrer leurs semblables et de n'avoir, pour finir, connu que la catastrophe.

Il me semble aussi que cette lettre est venue au bout de quelque chose ; elle a fait le tour de notre histoire pour frapper son noyau. En voulant le mettre au jour, en voulant y entrer, je ne me suis que blessée davantage. Écrire ne sert à rien qu'à s'épuiser sur de la roche ; écrire, c'est perdre des morceaux, c'est comprendre de trop près qu'on va mourir. De toute façon les explications n'expliquent rien du tout, elles jettent de la poudre aux yeux, elles ne font que courir vers un point final.

Cette lettre est mon cadavre, déjà, elle pourrit, elle exhale ses gaz. J'ai commencé à l'écrire le lendemain de mon avortement, il y a un mois.

Aujourd'hui, ça fait exactement un an qu'on s'est rencontrés.

Demain, j'aurai trente ans.

RÉALISATION : PAO ÉDITIONS DU SEUIL
IMPRESSION SUR ROTO-PAGE PAR L'IMPRIMERIE FLOCH À MAYENNE (09-04)
DÉPÔT LÉGAL : SEPTEMBRE 2004. N° 66949-3 (61015).
IMPRIMÉ EN FRANCE